U0100221

大展好書　好書大展
品嘗好書　冠群可期

大展好書　好書大展

品嘗好書，冠群可期

武術特輯
122

孫式太極拳四十九式

附 VCD

孫庚辛 付永吉 編著

大展出版社有限公司

孙禄堂先生像

孫祿堂先生像

太極名家孫劍雲與孫庚辛

孫劍雲與孫庚辛推手照

孫庚辛與付永吉合影

孫庚辛、付永吉、周秀雲、李準合影

研究會成員參加東三省太極拳交流大賽合影

孫庚辛簡介

孫庚辛 1930 年 9 月 22 日生於河北省完縣，孫式太極拳創始人孫祿堂宗師的長重孫，是孫式太極拳家族的第四代世孫，後居於北京市。自幼跟隨孫式太極拳第二代掌門人孫劍雲姑奶習武數十年，深得祖父輩以及孫劍雲姑奶的親聆教導，獲益良多。

在中國武術研究院、北京市武協及北京武術院舉辦的各種聯誼會、演武大會上表演孫式太極拳，深受武術界的好評。

現任北京市武協孫式太極拳研究會副會長，北京市孫祿堂武學研究中心副理事長，香港孫式太極拳研究會名譽會長，遼寧省錦州市孫式太極拳研究會名譽會長。

1988 年 6 月，受聘於北方交通大學「藝林」武術協會教練。為弘揚中華武術、推廣太極拳，常年在北京天壇公園義務教授太極拳，所傳弟子甚多。

1993 年 9 月，受北京大學等八所高校邀請，在北京氣象學院舉辦孫式太極拳講習班，教授太極拳。

2000 年，北京市太極拳比賽中，獲得男子老年組孫式太極拳傳統套路第一名。

2001 年 3 月，首屆世界太極拳健康大會在海南省三亞市舉行，應邀在大會上做名家演示。

孫式太極拳四十九式

8

付永吉簡介

付永吉 1952 年 2 月出生於遼寧省阜新市,現居於遼寧省錦州市。孫式太極拳第五代嫡傳,遼寧省錦州市武協委員,錦州市孫式太極拳研究會會長。

自幼酷愛武術,10 歲開始學拳。

1989 年,開始接觸孫式太極拳。

2003 年,拜孫式太極拳創始人孫祿堂四代世孫孫庚辛爲師。2003-2006 年多次率隊參加省内外太極拳賽事,多次榮獲男子 B 組個人孫式太極拳競賽套路、傳統套路金牌。

2006 年 9 月應邀參加在中國河北省邯鄲市舉行的「國際太極拳交流大會理論研討會」,並在會上發表了《淺談太極拳的發展與戰略研究》一文,榮獲中國武協、武術研究院頒發的三等獎。

開辦太極拳輔導班,培養了大批的太極拳骨幹,分別在各級賽事中獲獎。

前　言

　　太極拳是中華武術中一支大的流派，流傳面廣，不但中國人喜歡，外國人也喜歡，現已風靡於世。太極拳的陰陽平衡學說及以柔克剛的理論，體現了豐富的文化內涵。加之它鬆、靜、緩、慢的動作，老幼皆宜，使人學而不厭，練而不倦。

　　練習太極拳，能使人身體的各部位機能得到改善。有病的得到緩解，體弱的變得強壯，強壯者延年益壽。因此，太極拳運動深受廣大群眾的歡迎。爲了滿足廣大太極拳愛好者的要求，更好地推廣和宣傳孫式太極拳。根據先祖孫祿堂、孫式太極拳主要傳播人孫劍雲的原著，將傳統的孫式太極拳九十八式縮編成四十九式。新編四十九式，有如下特點：

　　（1）將原著中的重複式進行了刪減，原風格、姿勢、動作不變。

　　（2）更充分地體現了孫式太極拳的風格。比如，懶紮衣，更能突出太極拳掤、捋、擠、按的四大法。轉換以開合手相接，體現轉換式的圓活。進退相隨，進必跟，退必撤，逆中求順，以達中和。由盤架，糅合八卦掌動靜相濟和形意拳整勁猛烈之內涵。

　　（3）新編《孫式太極拳四十九式》，式短、易學、好練、便於推廣。克服了原套路式繁、學練時間

長等方面的不足。

（4）新編《孫式太極拳四十九式》，符合國家和國際太極拳競賽規則中傳統太極拳套路時間上的要求。以往參賽的運動員爲保證競賽時間，不得不將老式中的某些動作去掉。這就增加了運動員的負擔，也使演練出的套路勢必不那麼盡善盡美，不能充分地體現孫式太極拳的風格和特點。新編《孫式太極拳四十九式》，只需 4-5 分鐘就能演練完成。實現了群體運動和競技運動的有機結合。

（5）新編《孫式太極拳四十九式》，爲更好地收到袪病健身、延年益壽的保健功效，增加了開合手的動作，並將二式合一，以改善人體器官的微循環功能。根據中醫理論，肺主氣，肝主血，氣血暢通，萬病皆無。

因編者水準有限，內容難免有不當之處，還望武術界各位同行前輩、老師，特別是孫門弟子給予批評指正。在此，對給予此書編輯、出版以大力支持和幫助的每一位表示由衷感謝！

目　錄

一、淺談太極拳的起源與發展

(一)太極拳的起源

關於太極拳的起源，眾說紛紜。傳說在唐代就有了太極拳，其創始人是許宣平；又有人說，是元末明初道教首領張三豐；還有人說，是明末清初陳家溝的陳王廷等等，說法不一。那麼，太極拳到底源於哪個朝代，其創始人又是誰呢？到目前還沒有足夠的證據說明這一點。

唐豪、顧留馨所著的《太極拳研究》一書，對太極拳的起源進行了系統考證和研究，舉證的一些歷史資料可信程度度高。下面就其說法各個舉證：

（1）「唐代許宣平，以《八字歌》《心會論》《周身大用論》《十六關要論》和《功用歌》論著，按其文章風格來判斷非唐代文辭。

參閱宋代計有功的《唐詩紀事本末》中，關於許宣平的事蹟記載，許宣平『辟穀不食，行如奔馬，唐時每負薪賣於市中。李白訪之不遇，為題詩於望仙橋』。因此，這種假託，也應是清末封建文人所弄的玄虛。」（摘自唐豪、顧留馨《太極拳研究》一書）

（2）「張三豐是元末明初道教首領，曾在湖北太和山（即武當山）結廬修行。根據《明史》和歷經纂修的《太和山志》，都隻字未提張三豐會拳術；即使是 1723 年，住

在四川的圓通道人汪錫齡編的《三豐全書》稿本，以及到1844年被長己山人李涵虛重編出版的《三豐全書》裏面，他們雖然都稱見過十四世紀的張三豐。但也未提張三豐會拳術或創造太極拳。太極拳始於張三豐言論，出於十九世紀末到二十世紀初這個事實已可證實。因此，說太極拳的創始人是張三豐，是不真實的。」（摘自唐豪、顧留馨《太極拳研究》一書）

徐清祥編著的《中國武術之謎》一書中引用了《明史·方伎傳》中的《張三豐傳》。曾這樣記載「張全一遼東懿州（現遼寧省彰武縣西南）人，名君寶，三豐其號也，以其不修邊幅，又號張邋遢」。也沒提到張三豐是武功卓絕的一代宗師。那麼，社會上傳說太極拳創始人是張三豐又是怎麼回事呢？

據《明史·胡瀅傳》透露，在明代道家很盛行。明成祖為有利於「帝統」大業，竟借「明惠帝崩於火，帝下令尋求『仙人』張邋遢（準備宮觀），乃命工部侍郎郭璡、隆平侯張信等，督丁夫三十萬人大營武當宮觀」。所以，武當宮觀造成後，三豐的名聲也就大了。拉了張三豐為內家拳鼻祖。發展到後來的太極拳創始人。綜上所述，張三豐太極拳創始人的說法證據不足。

（3）陳王廷，河南溫縣陳家溝人，陳氏九世，出身地主官僚家庭，擅長武術。據《陳氏家譜》所記：「在山東稱名手……陳氏拳手刀槍創始人也。」

1644年，明王朝覆亡的前後，陳王廷以年老為由，辭官隱居，以造拳自娛，教授弟子兒孫。

遺詞上半首有「歎當年，披堅執銳……幾次顛險！蒙恩賜，枉徒然！到而今，年老殘喘，只落得黃庭一卷隨身

伴。悶來時造拳，忙來時耕田，趁餘閒教下些弟子兒孫，成龍成虎任方便……」

據《陳氏拳械譜》中載，陳王廷所造拳套，有太極拳（一名十三勢）五路，長拳一百零八勢一路，炮捶一路，戚繼光《拳經》三十二勢被吸取了二十九勢。

在當時的歷史條件下，少林寺僧很多獻身於衛國戰爭。溫縣在黃河之北，登封縣嵩山少林寺在黃河以南，僅一河之隔。所以，陳王廷在整理武術套路上除了受戚氏影響外，也有可能吸收少林拳。因為，陳王廷編的「長拳」就彙集了一百零八個不同姿勢。可見吸收拳種之多。《拳經》三十二勢以「懶紮衣」為起勢（圓領束腰帶的衣服，自殷代一直沿用到明代。明人長服束腰，演拳時需將長服捲起塞於腰帶中，以便動步踢腳）。陳王廷在《拳經總歌》開頭兩句話「縱放屈伸人莫知，諸靠纏繞我皆依」（引自《太極拳研究》），基本上說明了太極拳陰陽互補、剛柔並具的理論。可信程度比較高。

但是，太極拳備集易經陰陽之說，中醫經絡之說，武學之說，氣功、導引、吐納術之說；同時，還體現了宇宙生成演變的哲學觀點。這就要求創編太極拳者，需具備綜合性的知識。這是不容易做到的。但是至今沒有更多的證據來說明這一點。

（4）王宗岳，山西人。著有《陰符槍譜》，佚名氏於1795 年（乾隆六十年乙卯歲）為之序云：「蓋自易有太極始生兩儀，而陰陽之義以名。」《太極拳論》：「太極者，無極而生，陰陽之母也。」「無極而太極」從理論上對太極拳進行了完善。那麼，王宗岳是不是太極拳的創始人呢？還是從別人學得太極拳上升到理論呢，又傳於何人

呢？今無考證。

另說，王宗岳將所創太極拳傳於蔣發，蔣發傳於陳王廷。但是，從歷史資料上看（見王宗岳《陰符槍譜》佚名氏序）：「王宗岳，1791年在洛陽；1795年在開封以教書為業。」此時期正是陳家溝太極拳鼎盛時期，以陳氏第十四世陳長興（1771—1853）、陳有本（1780—1858）、陳有恆為主要傳播人。王宗岳與陳長興、陳有本是屬同一時期人。

蔣發是陳王廷時期人。據《陳氏拳械譜》記載，甲申年（1644年）明皇朝覆亡的前後，陳王廷以年老為由還鄉。蔣發是陳王廷好友武舉李際遇的部將。李際遇後反明，明滅降清，被藉故族誅。蔣發遂投奔陳王廷處。陳氏家祠尚藏有陳王廷遺像，旁立一人持大刀者即為蔣發。蔣發前於王宗岳約百年左右，如果這是事實，那麼，王宗岳怎能傳拳於蔣發呢？（參閱《太極拳研究》）

綜上所述，太極拳創始人傳說中時期早一些的是張三豐。從歷史資料上看，太極拳創始人時期早一些的是陳王廷。

(二)太極拳的理論基礎及演變與發展

1. 太極拳的理論基礎

什麼是太極拳？在弄清什麼是太極拳之前，我們必須先認識一下什麼是太極？什麼是太極圖？

《易經·繫辭上傳》中講：「是故易有太極，是生兩儀，兩儀生四象，四象生八卦。」太極是陰陽未分，天地渾沌時期。太極是因為大到了極點，故稱之為「太極」。

物極必反，太極了就會出現分化，故陰陽分離，形成了天與地。

陰陽分，兩儀成。兩儀就是天與地。它以陽（一）代表天，以陰（－－）代表地。如八卦中的陰陽魚，白色的為陽，黑色的為陰。有人把陰陽魚比為太陽和月亮。太陽為陽，月亮為陰。陰陽互相環抱，表示陰陽交合。這就是我們現在的太極圖。

兩儀生四象，是陰陽相重，陰陽交合而至。所以，四像是象徵四方，象徵一年的春、夏、秋、冬四季、四時。

四象生八卦，也是陰陽相重、陰陽相合而成。八卦也是八方、八節。加之五行金、木、水、火、土，方位東、西、南、北、中，用於拳勢中是五步配五行。這是太極拳理的依據。

孫祿堂著《太極拳學》中講：「無極者，當人未練拳術之初。心無所思，意無所動，目無所視，手足無舞蹈，身體無動作，陰陽未判，清濁未分，混混噩噩，一氣渾然者也。夫人生於天地之間，秉陰陽之性，本有渾然之元氣。為物欲所蔽，於是拙氣拙力生焉。加之內不知修，外不知養。以致陰陽不合，內外不一。陽盡生陰，陰極必蔽。亦是人之無可如何者，惟至人。有逆運之道，轉乾坤，扭契機。能以後天返先天，化其拙氣拙力，引火歸原，氣貫丹田。於是有拳術十三勢之作用。研求一氣伸縮之道，所謂無極而能生太極者是也。」

一氣，即太極。十三勢，即掤、捋、擠、按、採、挒、肘、靠、進、退、顧、盼、定。掤、捋、擠、按，即坎、離、震、兌四正方。採、挒、肘、靠，即乾、坤、艮、巽四斜角。亦即八卦之理。進步、退步、左顧、右

盼、中定，即金、木、水、火、土五行。合上述為十三勢。此太極拳十三勢之所由名。以掤、捋、擠、按、採、挒、肘、靠為體用。五行謂之經，八卦謂之緯。總而言之，內外體用一氣而已。

筆者認為，掤、捋、擠、按四正方，拳勢中比喻練拳者的雙肘與雙膝。採、挒、肘、靠四斜角，應是雙足與雙手。進步、退步、左顧、右盼、中定，即金、木、水、火、土五行，應是雙臂與雙胯、軀幹。符合武術中的「外三合」，即手與足合，肘與膝合，肩與胯合。

太極生兩儀，兩儀生四象，四象生八卦，合太極。符合武術中的「內三合」。即心與意合，意與氣合，氣與力合，整勁也。（此見解僅供練習者在練拳實踐中體察）

那麼，是太極拳創始人依此理創編了太極拳，還是後人將太極拳上升到《易經》理論上的呢？有待進一步挖掘歷史資料研究考證。

筆者認為，太極拳只是一種拳術，練拳者經過認真刻苦地習練，以求「中和」，達到強身健體、延年益壽、禦敵之功效。不應該把太極拳看得玄妙、神秘。應以科學的態度正確鍛鍊，方能收到功效。

2. 太極拳的演變與發展

太極拳發展至今，其演變過程經歷了三個主要的階段。

第一階段，即實戰性階段。在封建社會時期，科學技術還不發達，主要兵器是大刀、長矛、弓箭等。肉搏戰對戰場上的勝負起著重要的作用。所以，武勇和進擊技巧就顯得格外的重要。

任何一種新的拳術都必須符合這個宗旨，適應當時的

社會需要。無論是戚繼光《拳經》三十二勢，還是陳王廷創編的太極拳都離不開當時的歷史背景。只是太極拳運用力學原理，使其在進擊格鬥中威力更大，反應更敏捷，以達到四兩撥千斤之效而不傷自身。

另外，太極拳的纏絲、粘連、彈抖，可以將對手的力量化小或變成自己的力反擊於對手，即所謂借力打力。同時，太極拳慢、鬆、靜、舒展的動作，使大腦皮質和人體放鬆，從而也有利於身心健康。

太極拳在第一階段裏主要為國家軍隊培養人才，與其他拳種一樣，經過國家認可後作為軍隊訓練教程，以提高軍隊作戰力，抵禦外侵，保家衛國。對內鞏固政權，維持統治。

第二階段，即強身健體、祛病延年、醫療保健及體育遊戲階段。隨著熱兵器在戰場上逐步大規模的應用，拳技之勇在戰場上的作用逐漸減小，促使武術家們重新考慮練習武術的目的和發展方向的問題。他們逐漸將技擊轉向強身健體、益壽延年方向發展。

首先，是陳家溝拳師陳有本（1780—1858）在陳式太極拳老架的基礎上創編了新架，去掉了老架中較複雜的動作。

其次，是陳有本的學生、族侄陳青萍（1795—1868）編創了一套由繁入簡、小巧緊湊的新架。由於陳青萍贅婿於距陳家不遠的趙堡鎮，並授拳，此架遂被稱為趙堡架。

而陳家溝拳師陳長興（1771—1853）教的學生楊露禪（1799—1872），名福魁，號祿禪或作露禪，河北省永年縣人。道光三十年回故里，後到北京授拳，在清王朝旗營裏做武師。有「楊無敵」之稱。

當時，有些王公、貝勒跟他學拳。為達到養生健身、祛病延年的功效，他將原式中發勁、跳躍及震腳等難度較大的動作進行了修改和刪除，使改編後的太極拳架勢，具備了外形軟如棉、內裏堅實如鐵、動之至微、引之至長、發之至驟、結構嚴謹、舒展大方、緩慢圓活、輕鬆自然、形象優美等特點。

後經楊露禪第三子楊健侯（1839—1917）修改為中架子。又經楊健侯第三子楊澄甫（1883—1936）修改定型為大架子，成為目前流行最廣的楊式太極拳。楊露禪是太極拳流行於市的重要傳播人。

楊露禪又傳滿人吳全佑大架。全佑又隨楊氏次子楊班侯（1837—1892）學了一套小架。兼得楊氏兩代之技藝，以善於柔化著稱於京城。

全佑子吳鑒泉（1870—1942），又名愛坤。他刻苦鑽研，造詣頗深，在楊式太極拳的基礎上創編了八十四式吳式太極拳。其特點是勢正招圓，小巧靈活，鬆靜自然，緊湊中具舒展，不縱不跳，長於柔化。主要傳播人有徐致一、金壽章、金雲峰及子女吳公儀、吳分薄、吳英華、婿馬岳梁、侄吳耀宗等。

楊露禪又傳河北省永年人武禹襄（1812—1880），武隨陳青萍學習了陳氏新架，得陳氏拳理精妙。經苦心研習，創編了動作簡捷緊湊，舒緩大方，步法小巧靈活，虛實分明；拳勢講究起、承、開、合，動作連貫順隨，「以心行氣，以氣運身，意動身隨，意動氣隨，意到氣到」的武式太極拳。主要傳播人有李亦畬、郝為真、郝月如、郝少如。

郝為真傳孫福全（字祿堂）。孫先拜李奎元為師習形

意拳，後由李奎元之師郭雲深親授。又從程廷華學八卦掌。孫師承百家，潛心研究拳理，苦練武術技藝，聞名大江南北。50歲時又向郝為真學太極拳。有所得後，將形意拳、八卦掌、太極拳三家融會貫通，博採眾長，獨樹一幟，創孫式太極拳。

該拳上下相隨，進步必跟，退步必撤。每轉身以開合相接，如行雲流水，綿綿不斷，只見船行，不見流水。人稱「開合活步太極拳」，屬小架高式。主要傳播人為其女孫劍雲。

以上是太極拳的五大主要流派。另外，還有趙堡太極拳、和式太極拳、郝式太極拳、李式太極拳等。這些發展越來越多地適應社會群體，不但適應年輕力壯者，同時也適應年老體弱、慢性疾病患者習練，起到治病、健身、強體之功效。

太極拳的推手也由以前的二人一進一退、大起大落的高難度動作改為著重發展皮肉觸覺和內體敏感度的粘連黏隨，借力而放勁，使人感興趣，同時在可避免傷痛的條件下分出勝負。

太極拳的器械套路，目前有太極劍、刀、槍、大杆等。練時採用太極拳的柔和圓活性、粘連黏隨的特點。

第三個階段，即太極拳的研究、發展階段，大約從20世紀中葉至今。1949年，中華人民共和國成立後，黨和政府非常重視武術文化遺產的研究、整理和推廣工作。把太極拳作為重點的武術專案來推廣。

1956年8月1日，國家體委編印的《簡化太極拳》，以楊式拳架為基礎改編而成。1986年，國家體委正式將太極拳、劍、推手單列為全國性正式比賽專案。各省、市、

自治區成立了太極拳研究會，每年都舉行太極拳項目比賽。各流派的太極拳書籍、光碟大量發行，深受群眾歡迎。今日的太極拳運動已成為人們健身的主要手段之一，並日益引起世界各國人民的重視。

二、孫式太極拳的創立與流傳

(一)孫式太極拳的創立

孫式太極拳是孫祿堂先生 1918 年所創，以孫祿堂先生所著的《太極拳學》為標誌。

孫祿堂先生師從李奎元，實從郭雲深（李奎元之師）。學習形意拳，八年苦功，練就一身絕技。與人切磋，未曾負過。被武林中人稱為「虎頭少保，天下第一手」。並且在形意拳理上有獨到之處。總結出了三層道理，即煉精化氣，煉氣化神，煉神還虛；三步功夫，即易骨，易筋，洗髓；三種練法，即明勁，暗勁，化勁。

後又師從程廷華，學習八卦掌，深得八卦掌之精髓。領會了拳術與易理之間的關係。1914 年向太極拳大師郝為真學得了太極拳術。遂領悟到形意拳、八卦掌都具有中和的內涵，而中和也正是太極拳的本質。三拳在本質上是相通的。孫祿堂先生經過長期對形意拳、八卦掌、太極拳的潛心研究，感到了有創新拳的必要。

孫祿堂先生認為形意拳、八卦掌、太極拳三者互補，三拳一理。形意拳誠中，八卦掌虛中，太極拳空中，三拳都是虛無而始，虛無而終，最後以達中和的目的。

《易經》的「無極而生，太極而始，內運五行，外演八卦，內外相合」理論和老子的「無為而無不為」的思

想，兩者都是以恬淡虛無的心態，自然修練成精、氣、神合一的道家理論，最後達到「順中求逆，逆中行順，以得中和」。

孫祿堂先生將形意拳、八卦掌、太極拳三派拳術精髓之理與《易經》和老子的求得中和的理論相結合，以三體式為拳之基礎，創編了孫式太極拳。所以，孫式太極拳既有形意拳一觸即發剛勁猛烈之整勁，又有八卦掌靈巧多變之術，以達太極拳柔順中和的目的。

(二)孫式太極拳的流傳

孫祿堂先生所創孫式太極拳問世以來，深受武術界各派人士的喜愛，習練者眾多。

究其原因，一是因為孫式太極拳融合了形意拳、八卦掌、太極拳三種拳術之精華，練一種拳便能體現三種拳之內涵。

二是因為孫祿堂先生武功高超。70 歲高齡時以一敵五，力挫日本武士，武功已達到登峰造極的程度。

三是因為孫祿堂先生為人謙恭，武德高尚。

四是因為孫式太極拳高架，適應眾多人群。既有強身健體之功效，又能達到技擊之目的。

五是因為孫祿堂先生弟子甚多，遍及海內外。不僅國內享有盛名，國外也是名聲遠揚。

孫祿堂先生所著《太極拳學》，全套九十八式，在當時得以廣泛流傳。

新中國成立後，孫式太極拳主要的傳播人是孫祿堂之女孫劍雲。孫劍雲從小隨父親習武，聆聽其教誨，得其真傳。先後撰寫了《孫氏太極拳‧劍》《形意八式》《純陽

劍》《孫式太極拳十三式》《孫祿堂武學錄》等書，所傳弟子遍及全世界。為孫式太極拳的傳播與發展作出了卓越的貢獻。

孫式太極拳是正式列入國家太極拳比賽套路的五種（孫、陳、楊、吳、武）傳統太極拳之一，是半個世紀以來影響較為廣泛的太極拳流派。

三、孫式太極拳的修爲機理及特點

(一)孫式太極拳的修爲機理

孫式太極拳是完善人之身心的拳學體系。它講究外修其身，內養其心，動中求靜；追求「無為而無不為」、全身放鬆、恬淡、虛無、自然、平靜之心境。以修心為基礎，養生為本源。所謂修心，就是追求並保持心態平衡，心無所思，排除雜念，精神放鬆。所謂養生，就是修練生理機能。人身養生之寶是氣、血。氣滯血淤，氣助血行。氣主肺，血主肝；氣在先，血在後。血無氣而不行，血充盈而氣足；氣足而血暢，氣滯而血淤。兩者互為辯證，互相作用。

經由長時間對孫式太極拳的習練，能夠使身心與生理機能得到很好的調理和改善。從而起到互為促進、強身健體之功效。由於人體微循環得到了有效的改善，人的氣質也就隨之得到改變。這也就是我們習練孫式太極拳的目的所在。

體質強壯，才能談及技擊作用。體弱多病，怎能談技擊呢？與敵相遇，對方尚未出手，自己就可能先倒地了。沒有好的身體基礎就什麼也談不上了。所以，孫式太極拳的修為機理——先立本，後作為，就是這個道理。

所謂技擊，就是人與人之間的互相作用。當人身體敏

感度極高的時候，這種作用就會得到很好的發揮。當然，這種敏感度是靠日常的鍛鍊，日積月累而產生的身心、生理機能的提高與改善，並不是憑空而來的。故與人交手時，才有「你不動，我不動。你若動，我先動」、借力發力、四兩撥千斤之功效。

(二)孫式太極拳的特點

孫式太極拳是集形意拳、八卦掌、太極拳三拳內涵之精髓而創編的一種獨具一格的拳種，它以太極拳的外形體現。其特點是進必跟，退必撤；左右轉，開合接；如行雲，似流水；形綿綿，不間斷。

進必跟，退必撤。指進步時前腳進步後腳即跟到前腳後，退步時後腳撤步前腳即撤步，充分體現出太極拳的虛虛實實，以保持身體平穩、緊縮，便於一觸即發。因為孫式太極拳的樁法是三體式，而三體式即是形意拳的樁法，所以，孫式太極拳蘊藏了形意拳的整實猛烈之勁。

左右轉，開合接。即孫式太極拳採用了轉體以開合手相接。使習練者內腹鼓蕩，呼吸細而深長，直貫丹田，若有若無，順其自然。

由開合動作調節氣息，順引單鞭式。長期習練，任、督二脈自開。任、督二脈是精髓之海，人之大脈，統領一身之氣。其不實則不穩，不虛則不靈。而實和虛來源於腰，腰是人體運動的中心。以腰催胯，以胯催膝，以膝催足，才能完整。做到一動無不動，一靜無不靜，內外一體，練就一派中和之氣。

如行雲，似流水。即孫式太極拳從起勢，雙膝下蹲至135°，直至整套拳打完，重心始終保持在一條水平線上，

沒有忽高忽低，而是像一大風輪均勻地運轉，沒有一絲一毫的停留之意。如進步搬攔捶一式，左、右穿掌，進步時身體一直保持在同一水平線上，不前、不後、不偏、不倚，只見船行，不見水流。從其規矩，順其自然，外不柔於形，內不悖於神氣，才能見其外，知其內，誠於中，形於外。

形綿綿，不間斷。即孫式太極拳這一運動形式，內意如行雲流水，綿綿不斷，形斷意不斷，式停意不停，純以神行，往返循環。勁意要靜，似靜水深流，滲之遙遙。沒有沖、炸、震、搗、發力等動作。只是動中求靜，變中求整，陰陽互濟。以達致習練者內外合一、神氣合一、內勁中生之目的。

四、怎樣學練孫式太極拳四十九式

(一)掌　法

五指自然分開，間隙不要太大或太小，要自然，不要用力去撐。掌心微凹，手掌如抱球狀。

(二)拳　法

平面拳，五指握拳不要太緊，也不要成空心拳。大拇指扣在食指、中指的第二指節處。

(三)步　法

1. 小馬步

兩腳平行，間隔一拳遠。雙膝微彎曲，膝不過腳尖。要自然，不要兩腳往下用力。以穩為主。

2. 跟　步

前腳上步，腳掌要平著落地，後腳跟步，腳尖先落地，距前腳內側一拳遠。重心在前。

3. 側馬步

左側馬步，左腳往左跨一步，腳跟先著地，然後全腳

落實；膝蓋彎曲，不能超過腳尖，重心在左腿上，腳尖呈30°角外擺；另一側腿微屈。右側馬步與左側馬步動作相同，左右相反。

4. 虛 步

前腿彎曲，腳尖點地；後腿屈膝半蹲，全腳掌著地，重心在後腿。

5. 左丁步

右腳腳尖靠左腳內側中部，雙腿彎曲，重心在左腿。右丁步與左丁步動作相同，左右相反。

6. 正八步

雙腳腳跟靠近，腳尖分別外擺，成 90°角。

7. 倒八步

雙腳腳尖相對，腳跟分別外擺，成 90°角。

8. 錯綜八步

前腳腳尖和後腳腳尖分別外擺 30°，前腳跟對後腳尖。

9. 左弓步

左腿屈膝，左腳腳尖微扣，屈膝不過腳尖。右腳跟微外碾，兩腳間距離可因人而異，以站穩為主，力在胯下。塌腰。

(四)呼　吸

孫式太極拳採取自然呼吸法。不要用力往丹田壓氣，是用意而不是用力。以緩、慢、勻、細、長為宜。

(五)基本功

1. 無極樁

也叫無極式。

（1）雙腳併攏，以腳跟為軸，雙腳腳尖各往兩邊外擺45°，成 90°角，身體保持正直。

（2）頂頭。頭要直，不要前後俯仰，左右歪扭。

（3）豎項。脖子要正直。

（4）含胸。不要挺胸，但也不要收胸，要放鬆自然。

（5）拔背。指後背放鬆，不是往上拔勁。

（6）鬆肩。

（7）垂肘。雙肘放鬆下垂，不能翹肘。

（8）提肛。指尾閭、肛門微收。

（9）收腹。自然收，不要用力去收。

（10）舌頂上腭。指舌尖微頂上腭。

（11）全身放鬆。目視前方，心中空空洞洞，無所思。晨時面東或南，晚時面南或西。

初學者要重視此功的練習。全身放鬆，使身體處於鬆靜狀態。長期練習此功，血液暢通，氣力充沛，人無疾患。中醫理論說「氣滯血淤，氣注血行」就是這個道理。同時，放鬆得越好，敏感程度就越高，有縮才有伸，有收才有放，達到外勁長一寸，內勁長一寸的效果。無極樁為

「百形之母，萬法之基」。練習時間可掌握在 5～30 分鐘之間。

2. 三體式

（1）身體正直，目視前方，雙腳開 90°，全身放鬆。

（2）起勢。雙手如抱球從身體兩側到頭前合攏，左手在下，右手在上，右手中指壓在左手食指上，間隔 10 公分，收於下頜處；同時，小腹微收，氣下沉，雙腿彎曲。

（3）開步先進左腳，兩手徐徐分開。左手往前推直，高不過口，拇指與胸平，食指豎直。右手往回拉至小腹肚臍處，拇指根裏陷坑，緊靠小腹，胳膊似直非直，似曲非曲。左手與左腳要齊起齊落。右腳不動，雙手五指張開，目視左手食指尖。左腳微扣，重心在右腿，身體重量分佈是前三後七。

【要求】兩肩根要抽，兩胯根也要抽勁，是肩與胯合；前肘下垂裏裹，後肘裏曲，要圓滿，不要成死彎，兩膝裏合，是肘與膝合；兩腳掌裏扣，並與雙手互拉相應，是手與足合。這是外三合。

肩催肘，肘催手，腰催胯，胯催膝，膝催腳，身體中正，心平氣和，是心與意合；意要集中專凝，則意與氣合；氣要隨身體形式自然流行，不可用心卸氣，則氣與力合。這是內三合。

如此，陰陽相合，上下相隨，內外合一，此謂之六合。三體之勁由此而生。初學者可能感到後腿吃力，但要堅持，心裏要平靜，動作要放鬆。不可將重心前移。後腿要持住勁。堅持練功 5～30 分鐘。也可前進、後退練。但要堅持，久則樁法成。

3. 壓腿，踢腿

此基本功可因人而異，年齡大、身體弱的，可以不壓腿、踢腿。壓腿、踢腿可以增加身體的靈活性，特別是腰的靈活性，經常壓腿，因為低頭，可以增加腦血液的循環，延緩腦血管和腦肌肉的衰老，防止白髮的增加。但高血壓者應慎重。

（1）壓腿方法

左腳往左跨一小步，雙腳間距與肩同寬；雙掌合攏翻掌，手心向上，往上托到極限。然後手心向下在胸前往下壓，盡力使雙手著地。腰塌下。此為低壓腿。一條腿放在高處，雙手壓膝蓋處。身體站穩，以下頜去夠勾起的腳尖。左右換式，此為高壓腿。此外，要多做一些橫、豎劈叉練習。使腰胯運行自如。

（2）踢　腿

踢腿分正踢、側踢、裏合腿、外擺腿等，讀者可參閱武術基本功相關部分練法（注意：無論壓、踢腿均要適度，慢慢求進，不能生搬硬壓，以免太過傷了筋骨）。

（六）關鍵動作的練習

1. 開合手

在孫式太極拳中，均以開合手為銜接式，以保持整套拳左、右轉換式的圓活性。所以，初學者一定要多練習此式的動作。

2. 懶紮衣

是整套拳的核心。它體現了太極拳十三法的前四法，即掤、捋、擠、按。同時，結合步法的練習，充分體現了孫式太極拳的進必跟，退必撤，活步開合拳的特點。初學者切不可輕視。

3. 單鞭、雲手

單鞭，身體要正，開步襠要圓，不要出死彎。腹內空空洞洞，久而久之，任、督二脈自然打開。雲手，橫跨步虛實要分明，充分體現太極拳「貴虛靈，異雙重」的特點；同時，注意手腳上下配合齊整。

4. 踢腳

左右踢腳，要腳尖平踢。蹬腳，要將膝提起後再蹬出。拍腳，要求腳面繃直，以手掌拍擊腳面出響。起腳要保持身體平衡，不能前後左右搖晃。初學者要反覆練習，做到起腳自如，內勁貫通。

(七)內外配合

內三合與外三合有機的配合。一氣貫通，做到意到氣到，氣到力到。煉精化氣，煉氣化神，煉神還虛，煉虛合道。故內勁就是練習者身心有序協調達到中和時機體產生的一種潛能。常見習拳者或從腹中求之，或從腰中求之，或從胸中求之，或哼，或哈，皆不得其所。內勁無聲無息，無形無跡，無一定之所處，唯有求中和以致神氣合一，方可得之。鼓動小腹，抖動腰身，掄肩縱胯皆可謂之

發力，然皆非內勁。透過孫式太極拳架的練習，可從中體味周身內外虛實轉換，開合鼓蕩，動中求靜，變中求整，陰陽互濟的基本規律，以求中和。達到內外合一，神氣合一，內勁中生。

盤架的練習。一定要做到式正氣行，堅持多練、勤練、苦練拳的套路。採用自然呼吸法。要求內意如行雲流水，綿綿不斷，形斷意不斷，勢停意不停，純以神行，循環無間；練習拳架時，一定要放鬆，做到鬆、整、勻、輕、靜，身體重心變化不露於行。勁意要靜，似靜水流深，深之遙遙。不可沖、炸、震、搗。

孫式太極拳修練中常見的錯誤。

（1）錯誤地理解孫式太極拳融合形意、八卦、太極的概念

將孫式太極拳走成一手形意、一手八卦、一手太極，時剛、時柔、時快、時慢的樣子。這是非常錯誤的練法。孫式太極拳是融合了八卦掌動靜合一的本質和形意拳一觸即發之本能，但無形意拳、八卦掌之外形。更不能以形意、八卦的練法和勁意來練孫式太極拳。孫式太極拳走出的勁意是陰陽互濟的太極勁。其外形極盡鬆柔連順之至。請初學者注意。

（2）錯誤地理解孫式太極拳的含義

孫式太極拳套路的含義有兩個方面。一是開發內勁，二是蘊寓各種技術狀況的母式。也就是說，孫式太極拳中每一手都不是技擊的固定招式，而是能夠演化為技擊中千法萬法之總機關。常見一些練習者將拳式中一些動作作為技擊招式來練習，這是非常錯誤的練法。太極拳追求的是練習者自身的協調穩態，故能產生有法而禦無法的技擊之

效。練習者要用心體悟。

（3）對氣的錯誤認識

常見練習太極拳者相互問有無氣感，有，則洋洋自得，以為已得太極拳之三昧；沒有，則內心焦急，或於行拳中鼓氣，或口中噓氣，皆大謬也。真炁，非我們日常呼吸之氣，乃是拳架盤走正確後，練習者身體內外相合，由此在體內產生的一股能量流。給人的感覺與氣相仿。故以「炁」字表達之。

心越靜，則此氣越為充盈。若有心御氣，則氣反奔騰，即紊亂。故氣感也罷，麻感也罷，脹感也罷，相吸之感也罷，皆屬皮毛之相。不可過分追求，應聽之任之，以靜心求中和為要。否則，將本末倒置，甚至走火入魔。

（4）用「神」不當。

練太極拳貴在神聚，精神高度集中，不使之散亂。故神要內守，或食指梢，或身體其他某一處，總之要與拳之運動相合。

常見初學太極拳者用「神」不當，或精神散亂，左顧右盼，或精神張揚宣洩於外，此皆謬也。精神散亂，必神氣不能結合，內勁無望。精神外張久則自靡，更無從得內勁。故需精神內守，含而不露，養神於一。

（5）或散或僵

初學太極拳者，常犯上述錯誤。散則周身不整，病根在頂項未能豎起，腰胯未能下塌，肩胯之根未能抽住。頭頂與椎骨之根未能互逆相撐，身軀自然不整。

僵則轉換不靈。病根全在足胯上。兩足未分清虛實，必然轉換不靈。兩胯未能鬆開，必然上下難隨。虛實難換，故此僵病之源。

（6）不合於步

初學孫式太極拳者，不是跟步跟得較遲，使跟步演成拉步，就是跟步跟得較急，使身體不穩。要克服此病，必須做到進退相隨，邁步必跟，退步必撤，前後互逆，故能動中求靜，重心不失於中，所謂順中用逆為走架中身體與足相合之訣竅。

口訣如下：

太極拳，內家拳。

不用力，意當先。

頭要頂，神貫注。

收下頜，氣丹田。

胸要含，背要拔。

墜雙肘，沉雙肩。

異雙重，貴虛靈。

上下隨，成一體。

動中靜，靜中動。

記要點，莫遺忘。

持久練，益自顯。

五、孫式太極拳四十九式動作名稱

預備勢

第一段

第 一 式　起　勢

第 二 式　懶紮衣

第 三 式　開合手

第 四 式　左單鞭

第 五 式　提手上式

第 六 式　白鶴亮翅

第 七 式　開合手

第 八 式　左摟膝拗步

第 九 式　左手揮琵琶式

第 十 式　進步搬攔捶

第十一式　如封似閉

第十二式　抱虎推山

第十三式　開合手

第十四式　右摟膝拗步

第十五式　活步懶紮衣

第十六式　開合手

第十七式　左單鞭

第十八式　肘下看捶

第二段

第三段

第四段

六、孫式太極拳四十九式動作圖解

預備勢

面向正南方直立，兩臂自然下垂，兩手五指自然分開，垂於身體兩側，中指正對兩側褲線位置。雙腳腳尖分開成 90°，兩腳跟靠近，成正八步。全身自然放鬆。目視前方。排除雜念，靜心，無所思。彷彿感覺天、地、人渾然一體。（圖1）

【要點】

（1）身體直立要中正，不偏不倚，頂頭，豎項，目視

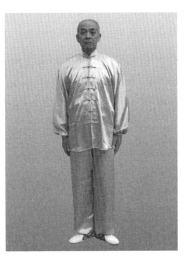

圖1

前方，含胸，拔背，鬆肩，垂肘，全身放鬆。

（2）腳趾不要抓地，要自然站穩。

（3）以上「九要」是用意，而不是用力。如含胸、拔背用意，不要有意識地用力。

（4）此式是無極樁，要堅持經常練習。

第 一 段

第一式　起　勢

左腳不動，右腳尖翹起，以腳跟為軸向左扭扣，與左腳成 45°角；同時，身體微左轉，面向東南方向；兩眼平視前方。（圖2）

【要點】

全身放鬆，舌微頂上腭，氣沉丹田，塌腰，提肛，呼吸自然，全身一氣貫通。

第二式　懶紮衣

兩掌心相對，相離 18 公分左右，如抱一籃球，兩臂徐徐向前、向上抬起，兩腿不動；目視兩手間。（圖3）

兩手抱球回拉到小腹處，手指尖向前，同時下蹲，兩腿彎曲到 135°時，左腳跟隨著緩緩提起。（圖4）

在前式似停未停時，左腳向前（東南方向）邁一步，腳跟先著地；同時，兩手貼身從下往上畫一立圓，向前慢慢送出，似抱球狀，兩臂似直非直；左腳落實，右腳隨兩手前送時跟步到左腳內側，與左腳相距 10 公分左右，腳尖著地；目視兩手間。（圖5）

兩臂平行往右移動，到正南方時，右手外旋，手心朝

圖 2

圖 3

圖 4

圖 5

上；左手內旋，手心朝下扶在右手腕處繼續向右移動；同時，右腳跟落地，左腳尖翹起向右扣腳，右腳尖隨著外擺90°（正西方向），腳尖點地；目視右手。（圖 6）

圖6

圖7

圖8

右手向右、向後繼續畫一半圓（D字形），左手扶在右手手腕處隨右手往右移動，當右手畫至右肩前時，前臂屈肘直立，手心斜向上再轉向前，左手扶在右手腕處一齊向前推出，兩臂似直非直；同時，右腳尖翹起向前邁一步，腳跟先著地；右腳落實後，左腳跟步至右腳後邊，相距10公分左右，腳尖著地；眼看右手食指尖（身體正西方向）。稍停。（圖7—圖9）

【要點】

（1）動作要一氣貫串，不可間斷。

圖 9 　　　　　　　　　　圖 10

（2）推掌要以身帶掌，掌要立直，力達掌根。指尖高
不過嘴。

（3）畫圓時，右肩要放鬆，垂肘；周身動作協調一
致，虛、實要分明。

第三式　開合手

開手式。左腳跟裏扭，擺正落實（正南方向）；同
時，右腳尖翹起向左扣約 90°（正南方向）；身體也隨之左
轉，兩手心相對，如抱球，指尖朝上，向左右兩邊分開
（如氣球向外膨脹之意，無限大），開至兩手虎口與肩相
對，兩手與肩同寬。（圖 10）

合手式。兩手心相對慢慢裏合（如氣球縮小之意，無
限小），合至兩手距離與臉同寬；兩腿彎曲，右腳落實，
左腳跟提起，腳尖著地；眼看兩手中間。（圖 11）

圖 11　　　　　　　　　　圖 12

【要點】

（1）開手時兩手寬度不過肩，合手時寬度不窄於臉。指尖高度不過嘴，兩大拇指與胸距離一拳遠。

（2）兩肩不能上架，兩肘不能上翻，身體不能起伏和挺胸。

（3）開手吸足氣為放，合手呼足氣為收。

第四式　左單鞭

兩手內旋，掌心朝外，兩手如捋長桿，往左右兩邊慢慢分開，兩臂平行，兩臂似直非直，立掌，高不過眼睛；同時，左腳往左橫邁一步，腳跟先著地，腳尖斜 30°，落實後，身體重心慢慢左移到左腿，雙腿彎曲，左實右虛，右腳正直，襠要圓；眼看右手食指尖。（圖12）

【要點】

（1）上體要保持中正，肩與胯要直，雙肩要鬆，兩腿

圖 13

大腿根部要縮住勁。

（２）自然呼吸，氣息徐徐下注丹田，不可用力向丹田壓氣。久而久之，任、督二脈自然打通。

第五式　提手上式

身體重心微向左移，右腳收至左腳內側，腳尖著地，兩腿彎曲；同時，左手向上畫弧至左額上方，掌心朝外；右手掌心朝右，向下、向左畫弧至小腹前，大拇指朝裏，貼於小腹處，指尖朝下；目視前方。（圖 13）

【要點】

（１）全身放鬆、塌腰、身體中正、平穩，不可有起落。

（２）左前臂上架時，不要翹肘，手背與前額相距一拳遠。

圖 14　　　　　　　　　圖 15

第六式　白鶴亮翅

左手從前額處往下落至左胸前，肘靠著肋，手心朝外；右手從小腹向上提至右額上方，手背靠近右上額部。（圖 14）

右腳向前上步（正南方向）；右手往下經臉右側收至右胸前，垂肘，手心朝外，同左手齊，兩掌同時緩緩往前推，右腳落實，重心前移至右腿；左腳跟步至右腳內側，腳尖著地；目視兩手之間。（圖 15、圖 16）

【要點】

（1）右腳前邁為虛，重心在左腿，身體重心不動，腰塌住勁。

（2）兩掌要立掌緩緩隨身體前推，縮肩，縮胯。重心前移時，後腳跟步，與手動作協調一致。做到上下牽動、相隨。

圖 16 圖 17

第七式　開合手

動作與第三式開合手相同。

第八式　左摟膝拗步

　　兩掌抱球微向右擰，左手向右、向下摟至左胯外側，大拇指離左胯約 10 公分，指尖朝前；同時，左腳向左前方（正東）斜邁一步，腳跟著地；右手外旋，手心向上，向右下方畫弧並上舉至與肩同高，手心斜朝上；眼看右手。（圖 17）

　　右掌收至右耳旁向左前方（正東）平著推出，右臂似直非直，塌腕，立掌，掌心朝前，身體隨之左轉；同時，右腳跟至左腳內側，腳尖著地，重心移至左腿；眼看右手。（圖 18、圖 19）

圖18　　　　　　　　　　　圖19

【要點】

左手摟掌與邁左腳要做到手腳相隨，動作協調一致，右手推掌隨身體重心變化而變化，以腰帶掌，保持身體平穩，不能前傾。

第九式　左手揮琵琶式

兩手五指伸直，虎口朝上；右腳後撤步，腳尖先著地（撤步遠近以不牽動身體重心為宜），隨即全腳掌慢慢落實；同時，右手回拉，左手前伸，兩肩鬆開，兩肘下沉，右掌在左臂肘關節處，相距一拳遠；左腳後撤步至右腳前，腳尖著地；目視前方（正東方向）。（圖20）

【要點】

（1）後撤步時，重心站穩再出掌，以保持身體平穩。

（2）左掌前伸，右掌回拉，兩臂要彎曲，前臂儘量打直。

圖 20

圖 21

第十式　進步搬攔捶

　　左腳尖稍外擺往前邁一小步（正東），上身微左轉；同時，左手內旋，掌心朝下，經過右手掌心上回收到左肋前；右手外旋，掌心朝上經左掌下向前伸出。（圖 21）

　　右腳尖外擺向前邁步，上身微右轉；同時，右手內旋，手心朝下，經左手掌心上回收到右肋前；左手外旋，掌心朝上經右掌下向前伸出。（圖 22）

圖 22

　　左腳前上一步，站穩；同時，右手外旋向內掌變拳經左手腕上直著打出，拳與胸平，拳眼朝上；左手內旋掌變

圖 23   圖 24

拳在右拳下回拉至右肘下，拳心朝下；右腳跟步至左腳內
側，腳尖著地；重心在左腿，眼看右拳食指中節。（圖
23、圖24）

【要點】

（1）動作連貫，不要間斷；穿掌要指尖朝前，上步要
保持身體在同一水平線上，不能忽高忽低，上下起伏。

（2）左拳回拉與右沖拳要協調，鬆肩，垂肘，做到肩
催肘，肘催手，氣下沉，勁力飽滿。

第十一式　如封似閉

右拳回抽，左拳從右臂下稍前伸至兩拳相齊時變掌，
掌心均向前；同時，右腳後撤（撤步遠近以不牽動身體重
心為適），隨即兩手與左腳同時回撤，左腳撤至右腳前，
腳尖著地，兩手至胸前；目視前方（正東方向）。（圖
25）

圖 25　　　　　　　　圖 26

【要點】

（1）撤步時右腳落實後再撤左腳，要保持身體平穩。

（2）雙手在胸前時，重心在後。

第十二式　抱虎推山

兩掌隨著左腳前邁步（正東方向），一齊向前慢慢推去，高與胸平，兩臂似直非直；左腳落實後，右腳跟步，距左腳約 10 公分左右；眼看兩掌間。（圖 26）

【要點】

（1）推掌時以腰帶動頂勁，慢慢前推，連貫，圓活。

（2）式停而意不停。

第十三式　開合手

開手式。右腳跟稍內轉，腳掌擺正落實，左腳尖翹起扣腳；同時，身體右轉 90°（正南方向）。兩腳平行，間

圖 27

圖 28

距約半拳寬；兩掌指尖朝上往兩邊徐徐分開，兩手虎口與肩同寬。稍停。（圖27）

合手式。與第三式開合手中合手式同。（圖28）

【要點】

（1）扭轉身時要一氣完成，勁要和、平，不要僵勁。

（2）其他要求與第三式開合手式同。

第十四式　右摟膝拗步

雙掌抱球微左擰，右手向左、向下摟至右胯外側；同時，右腳向右前方（正西）斜邁一步，腳跟著地；左手外旋手心向上、向左下方畫弧，並上舉與肩同高，手心斜朝上；眼看左手。（圖29）

左手收至左耳旁向右前方（正西）平著推出，臂似直非直，塌腕，立掌，掌心向前；同時，左腳跟步至右腳內側，腳尖著地，重心慢慢移至右腿；眼看左手。（圖30、

圖 29

圖 30

圖 31

圖 31）

【要點】

與（八）摟膝拗步相同，唯方向相反。

圖 32　　　　　　　　　圖 33

第十五式　活步懶紮衣

左手外旋向裏，掌心朝上，右手掌心朝下從左手上方
伸出，兩手成抱球狀；同時，左腳後撤步，腳掌先著地後
落實，成右弓步，不停，隨著重心往左腿移的同時，雙手
一齊往下捋至小腹處，掌心相對，左下右上；右腳收至左
腳前，腳尖著地（正西）。（圖32、圖33）

右手內旋手心朝上，左手外旋手心朝下，左手扶在右
手腕上一齊向前推擠；同時，右腳前邁步，腳跟著地，落
實後，左腳跟步至右腳內側，腳尖著地。（圖34、圖35）

隨即左腳後撤步，兩掌同時平著往後畫一半圓至右肩
前，手心朝外，身體重心後坐，落在左腿，右腳尖翹起。
（圖36）

兩掌至右肩前一齊向前推出，兩臂似直非直；同時，
右腳尖逐漸著地，重心移至右腿，左腳跟步至右腳後約10

圖 34

圖 35

圖 36

公分處；眼看右手。（圖 37、圖 38）

【要點】

（1）退步、進步上下相隨，畫圓時沉肘，一氣貫串。

圖 37　　　　　　　　　　圖 38

（2）畫圓成 D 字形。

（3）其他與第二式懶紮衣同。

第十六式　開合手

與第三式開合手同。

第十七式　左單鞭

與第四式左單鞭同。

第十八式　肘下看捶

　　左手外旋，掌緣在下，拇指在上；右掌變拳屈臂往下經右腰往前打出，拳眼朝上；同時，以腰帶右腳裏扣，身體左轉（正東），左腳尖外擺落實；右腳跟步至左腳後 10 公分左右，腳尖點地。左前臂伸直，右拳眼在左肘下。（圖 39、圖 40）

圖 39

圖 40

圖 41

隨即右腳後撤一小步，左腳也後撤至右腳前，腳尖著地；左掌指尖向前，右拳仍在左肘下；目視前方（正東）。（圖 41）

（1）左手外旋掌，右掌變拳時與身體轉換要一致。

（2）右沖拳與跟步要成整勁，內外合一。

第 二 段

第十九式 左右倒攆猴

（1）左倒攆猴

左手內旋收至胸前手心朝下，右手外旋手心朝上，兩掌心相對，似抱球式；同時，左腳落實，右腳尖翹起，以腳跟為軸裏扣落實。然後兩掌分開，左掌往左下畫一弧線至左胯外側，指尖朝前，右掌往右上方分掌至與右肩平，重心在右腿；同時，左腳斜著往左邁步，腳跟先著地（偏西北方向）；眼看右手。（圖 42）

左腳落實，右掌從右嘴角處往前推去（正北），右臂似直非直；右腳跟步到左腳後，與之相距約 10 公分，腳尖著地。（圖 43）

（2）右倒攆猴

右腳跟落實，右手往右斜摟至右胯外側，指尖向前，掌心朝下；同時，左腳尖翹起，以腳跟為軸裏扣，成倒八字步。右腳跟微提，腳尖點地，左掌外旋上分掌至與肩平，手心朝上，右腳斜著往右邁步。（圖 44）

右腳落實，左掌從左嘴角處往前推出（正南），左臂似直非直，左腳跟步到右腳後，與之相距 10 公分，腳尖著地。（圖 45）

【要點】

（1）此式自兩手、兩腳動作始末，要一氣呵成，勿有

圖 42

圖 43

圖 44

圖 45

停滯之意。

　（2）反覆練習，但要成偶數。

圖 46 圖 47

第二十式　高探馬

　　左腳後撤步，腳尖著地落實，右腳尖翹起再落下，腳尖著地；同時，右手往上貼身前伸，左手回拉至右肘處，兩臂彎曲，兩腿微屈，重心在左腿；眼看右手（正南）。（圖46）

　　左掌外旋手心朝上，右掌內旋手心朝下，在胸前兩掌心相對，左掌在下，右掌在上，兩掌如抱小球，相距6公分左右；同時，右腳抬腳裏扣，兩腳尖相對，身體左轉90°（正東方向）；眼看右手背。（圖47）

　　兩掌如同擰麻花一樣，右掌往下擰，左掌往上擰，擰至雙掌指尖朝上，塌腕，雙掌在胸前如抱一小球（直徑略比本人拳頭大一些）；同時，左腳擺正，右腳尖著地，雙腿彎曲，重心在左腿上；目視兩掌間。（圖48）

圖 48　　　　　　　　　圖 49

【要點】

（1）撤步與收手動作要協
調，動手就動腳，腳手相隨。

（2）擰掌時要鬆肩垂肘。

第二十一式　右左踢腳

（1）右踢腳

兩掌如單鞭式向兩邊分開；
同時，右膝提起，腳面繃直，向
前踢出，高過腰，隨即右腿屈膝
回收成右提膝；眼看右手。（圖
49、圖50）

圖 50

右腳回落，距左腳兩拳遠，腳尖微內扣；左腳跟提
起，以腳尖為軸裏扭至右腳中間，腳尖點地；同時，身體
左轉（偏西北），雙掌在胸前相合，掌心相對，相距一拳

圖 51　　　　　　　　　圖 52

遠，指尖朝上；眼向左看。（圖51）

（2）左踢腳

兩掌如單鞭式向兩邊分開，左膝提起，腳面繃直，向前踢出，隨即左腿屈膝回收成左提膝；眼看左手（正西）。（圖52、圖53）

【要點】

（1）踢腳時氣下沉，身體不能上拔，以免晃動，保持身體平穩。

（2）踢腳轉換時要緊密銜接。

第二十二式　踐步打捶

左腳微收後，前落步，腳尖外擺；同時左手回拉至左胯前，手心朝下；右手心朝上在左手心下向前伸出。（圖54）

右腳前邁一步，腳尖外擺；同時，兩手翻掌左手在右

圖 53

圖 54

圖 55

手心下向前伸出，右手回拉至右腰際處。（圖55）

左腳前邁步，腳跟先著地，落下時腳尖裏扣；同時，
左手內旋變拳向下收至腰胯處；右手外旋變拳向後、向

圖 56　　　　　　　　　　　　　　圖 57

上、向下經前額向左內踝部砸下；身體隨著下沉，左腿屈膝，右腿微弓；眼看右拳（正西方）。（圖56）

【要點】

（1）穿掌時以腰帶身，保持身體平穩。

（2）動作要一氣貫串，打捶要以腰塌住勁，眼隨手動。

第二十三式　翻身右拍腳

起身，以左腳跟為軸，腳尖裏扣；同時，右拳向上經額前畫弧，身體右轉180°，右拳隨即向前、向下撇到右前方；右腳外擺，重心移至左腿。（圖57）

左拳心朝上，經右拳背上鑽出，拳與肩平；在左拳經右拳上方時，右拳內旋，拳心朝下拉至右胯前；同時，左腳上前一步，重心移至右腿；眼看左拳。（圖58）

左拳變掌下摟至左胯處；同時，右拳經左手背上向

圖 58   圖 59

前、向上鑽出，拳心朝上伸至極處；同時，右腳提起，腳
面繃直，向前踢去，右拳隨即變掌手心朝下拍擊右腳面，
腳高過胸；眼看右手。（圖59）

【要點】

（1）起身轉體以腰帶臂，協調一致，注意重心轉換。

（2）拍腳時，左腿要站穩，身體不能搖晃。拍擊有
聲。

第二十四式　披身伏虎

右腳落步撤至左腳後，成左弓步；同時左掌向前伸
出，兩掌心相對，如抱球狀，腰塌住勁；目視兩掌中間。
（圖60）

左腳後撤一步；兩掌變拳往下回拉，拳眼朝上，經左
胯側往後、往上、再往下畫一大圓弧至腹前微停，兩拳眼
向前；同時，右腳尖翹起向裏微扣。（圖61）

圖 60

圖 61

【要點】

（1）撤左腳與雙拳畫弧同時進行，要連貫，眼隨手走（方向朝東）。

（2）雙拳回落小腹時，身體微微下沉。

第二十五式　左蹬腳

兩拳變掌上提至胸前，如合手式；同時右腳略抬起，腳尖外擺斜著落地；左腿屈膝靠近右腿內側，腳尖著地，兩腿彎曲；身體略右轉（東南方向），眼看前方。（圖62）

兩掌如單鞭式向兩邊分開；同時，左腳向左側（正

圖 62

圖 63

東）蹬出，左腳尖勾起；眼看左掌食指。（圖63）

【要點】

（1）蹬腳時，不要身體上拔，而是用腰胯將腳帶起，以保持身體平衡。

（2）起腳過腰，力在腳跟蹬出。

第二十六式　轉身右蹬腳

左腳回收變成左提膝，身體右轉270°，隨即左腳下落至右腳外側；右腳跟提起以腳尖為軸內旋至與左腳尖平行；同時兩手相合，成合手式。（圖64）

身體微右轉，右腳尖微外擺，腳跟提起，腳尖著地，隨即

圖 64

圖 65   圖 66

兩掌向兩邊分開，如單鞭式；同時，提右膝，右腳尖勾
起，向右前方慢慢蹬出（正東方），力在腳跟，高過腰；
眼看右手食指。（圖 65）

　　右小腿回收變成右提膝；兩掌原式不動，身體保持平
穩；目視前方。（圖 66）

　　【要點】

　　（1）右轉身時要保持身體平穩，左腳落實後再扭轉右
腳。

　　（2）右蹬腳時，要氣下沉，放鬆，不要牽動身體，以
免身體失去平衡而晃動，力達腳跟。

第二十七式　　上步搬攔捶

　　右腳落在左腳前，腳尖外擺；同時，左手從下往前伸
出，指尖朝前，手心向上，左臂似直非直；右手摟至右肋
前，指尖向前，手心向下（正東方向）。（圖 67）

圖 67

圖 68

圖 69

　　左腳上步，右腳跟步；同時，左手內旋，手心向下，隨即兩手變拳，右拳眼朝上在左拳背上向前打出，左拳心朝下收至右肋前下方兩拳遠處（正東方向）。（圖 68、圖 69）

【要點】

（1）向前伸掌，重心落在後腿，隨著臂前伸，重心慢慢前移至前腿，然後再出後腳。

（2）打拳。要以腰帶勁將拳打出，後腳蹬住勁。

第二十八式　如封似閉

動作與第十一式如封似閉相同（方向正東）。

第二十九式　抱虎推山

動作與第十二式抱虎推山相同（方向正東）。

第　三　段

第三十式　右轉開合手

以右腳尖為軸，腳跟內旋到腳正對南方落實，重心從左腿轉移至右腿，再以左腳跟為軸，腳尖裏扣，雙腳併步，間距一拳遠；兩掌外開，與（三）開合手式相同（正南方向）。

第三十一式　野馬分鬃

左腳往前邁一步，腳跟先著地，隨即全腳落實（正南方向）；同時身體右轉面西；兩掌與開手式相同往身體兩側分開，兩腿彎曲，重心在左腿，如單鞭式。（圖70）

（1）左分掌

重心移至右腿，左腳收至右腳旁，腳尖著地，隨即左腳往左邁一大步，腳尖微外擺，重心移至左腿，成左弓步；同時，左掌往下經左小腹、右小腹往上經眼前往左畫一大圓，

圖 70

圖 71

右掌原式不動（身體正西，面向西南）。（圖71）

（2）右分掌

重心移至左腿，右腳收至左腳中間，腳尖著地，隨即右腳往右邁一大步，腳尖微外擺，重心移至右腿，成右弓步；同時，右掌往下經右小腹、左小腹往上經眼前往右畫一大圓，左掌原式不動（身體正西，面向西北）。（圖72）

（3）上下分掌

圖 72

左腳前邁一步（面西），腳尖微外擺，兩腿彎曲；兩掌心朝下，同時往下、往前畫弧至小腹處，雙手腕交叉，左上右下。隨即兩臂抬起至額前，朝左右兩邊分開向下各

圖 73　　　　　　　　　　圖 74

畫一大圓至胸前。（圖 73、圖 74）

（4）懶紮衣

右腳前上一步，腳跟先著地落實（正西方向）；同時，左手搭在右手腕處，右虎口在前，雙掌一齊向前推擠。隨即左腳跟步至右腳後一拳遠，腳尖點地後迅速回撤，右腳尖勾起，重心後移；同時，雙掌平著往右、往後畫一半弧至右肩前。然後轉至兩掌心朝外，一齊向前推出（正西方向）；同時右腳落實，左腳跟步至右腳後 10 公分處，腳尖著地，重心移至右腿，眼看右手食指尖。（圖 75—圖 78）

【要點】

（1）左右分掌兩臂要平行，似直非直。

（2）上下分掌先出腳，後出手，氣下沉，動作圓活。

（3）雙掌兩邊畫一大圓成連環形，一氣呵成。

圖 75

圖 76

圖 77

圖 78

第三十二式　開合手

同第三式開合手。

圖 79

第三十三式　右閃通背

左腳往左側邁一步，腳跟著地，左腳尖微外擺下落，重心慢慢移至左腿；同時兩掌向兩邊分開；眼看右食指尖。與左單鞭式同（面向正南）。（圖 79）

重心移至右腿，左腳尖翹起裏扣後，重心再移至左腿，右腳尖翹起，外擺成腳尖正對西方；同時，左掌經左臉處畫弧至左前額上方處，掌心朝外；右掌塌住腕，立掌，手腕與肩平，有微前推之意，身體微右轉（面西南方）；眼看右食指尖。左腿實，右腿虛。（圖 80）

【要點】

（1）兩腿轉換重心時，要以腰為軸心變換，不要硬扭腿。

（2）左掌畫弧至左額頭前時，左臂要垂肘，兩臂要放鬆。不要架勁。

圖 80　　　　　　　　　圖 81

第三十四式　玉女穿梭

　　右手回收至胸前，掌心斜
向下；左掌外旋裏裹並往下落
至右掌前，肘與右掌手腕平，
掌心朝上；同時右腳微回撤，
腳尖外擺，兩腿彎曲，重心前
三後七；目視左掌食指尖（西
南方向）。（圖 81）

　　左掌內旋掌心朝外抬至左
前額處；左腳往左前方邁一步
（西南方向）；右腳跟步至左

圖 82

腳後約 10 公分處，腳尖著地；同時右掌隨身體左轉推至左
肋前，肘靠右肋，有微微向前推出之意。（圖 82）

　　右腿落實，重心移至右腿，左腳尖翹起裏扣，身體右

圖83　　　　　　　　　　圖84

轉 180°，右腳跟提起；同時左掌心朝下落至胸前，右掌內
旋轉至掌心朝上前穿，肘與左手腕齊平，兩肘靠兩肋（正
東方向）。（圖 83）

　右掌內旋，掌心朝外，經右臉前往上至右前額處；同
時右腳往右前方邁一步（東南方向），腳跟先著地；左腳
跟步至右腳後約 10 公分處，腳尖著地；左掌隨身體右轉微
向前推出至右肋前，有微微向前推出之意，肘靠左肋。
（圖 84）

　左腳落實，右腳稍向左腳前邁一步（正東方向），腳
尖微外擺；同時右掌心朝下落至胸前，左手外旋掌心朝上
前穿，左肘與右手腕齊平，兩肘靠兩肋。（圖 85）

　左腳往左前方邁一步（東北方向），右腳跟步至左腳
後約 10 公分，腳尖著地；左手內旋掌心朝外經臉前往上至
左額處；右掌隨身體左轉推至左肋前，肘靠右肋，有微微
向前推出之意。（圖 86）

圖 85

圖 86

圖 87

　　右腳落實，左腳尖翹起裏扣，右腳跟提起，身體右轉180°（正西方向）；左掌心朝下落至胸前，右掌內旋掌心朝上後前穿至胸高，右肘與左手腕平齊，重心在左腿；目視右食指尖。（圖 87）

圖 88

右腳往前邁一步（正西方向），左腳跟步至右腳後約10公分處，腳尖著地；同時右掌上穿、翻掌，掌心朝外至右額處，左掌向前推出，塌腕，立掌，手腕與肩平行，左臂似直非直；目視左手食指尖。（圖 88）

【要點】

（1）前三個推掌均是向前斜邁步，掌不推出；而第四掌前推，直邁步。

（2）轉體、身法，手、腳合一，頂頭、塌腰、立掌。

（3）推掌方向四角，走行方向四方。

第三十五式　活步懶紮衣

與第十五式活步懶紮衣動作相同。

第三十六　開合手

與第三式開合手動作相同。

圖 89　　　　　　　　　圖 90

第三十七　左單鞭

與第四式左單鞭動作相同。

第三十八　左雲手

　　左手向下、向右畫弧至右腋下，手心斜向下；同時左腳向右腳靠近，腳尖著地；眼看右手，指尖向上，微停。（圖 89）

　　左手向上、向左畫弧至身體左側，手心向左，指尖向上，高不過眉；右手向下、向左畫弧至左腋下，手心斜向下；同時左腳向左橫邁一步，腳尖微向外斜著落地，右腳收至左腳處，與左腳相齊，距離約 10 公分，腳尖著地，眼看左手，微停。（圖 90）

　　右手向上、向右畫弧，左手向下、向右畫弧，雙掌畫至身體右側，眼看右手；同時右腳落實，左腳跟提起，向

左橫邁一步，腳尖先著地，全腳掌落實，身體重心慢慢轉移至左腿，右腳收至左腳處相齊，腳尖著地。（圖91）

雙手雲至左邊時，右手繼續從下往上、往右畫弧到右邊，高與眉齊，翻掌，使掌心朝上再平著向前推出，眼看右手食指尖；左手往下、往右、往上經臉前往左下方摟至左胯處；同時左腳往左橫邁一步，右腳跟步，腳尖著地，兩腳相

圖91

距10公分左右（正東方向）。（圖92、圖93）

右腳落實，左腳前邁一小步，重心在右腿；同時右手掌心朝下落，至與胸同高時，左手上抬在右手背上向前

圖92

圖93

圖 94

穿、推、壓，掌心斜朝下，力在掌根，氣下沉，稍低於胸
高；右掌心朝下回拉至右胯前；目視前方（正東方向）。
（圖94）

【要點】

（1）在左右掌向上畫弧時，掌心均朝外，高不過眉，
眼看食指尖。

（2）畫弧時，雙臂要成弧形，身隨手轉，身體不要太
扭，保持上肢要直。

（3）雙腳隨身體轉換的同時，橫跨步與收腳均要腳尖
先著地，不要雙重。

第三十九式　金雞獨立

重心前移，右手立掌、拇指在上向前挑掌並畫弧收到
右耳側，掌心朝左，指尖向上；同時，左手拉至左胯側，
掌心朝右，指尖朝下；右腿屈膝貼著左腿上提，大腿與上

圖 95

圖 96

體成直角，腳尖上翹，腳跟下蹬；塌腰，目視前方，稍停。（圖95、圖96）

右腳向前落下；同時右手往下畫弧至右胯側，掌心朝左，指尖向下。隨即左手從左胯側向上挑掌至左耳側，掌心朝右，指尖向上與耳齊平；左腿屈膝貼右腿上提，大腿與上體成直角，腳尖上翹，腳跟下蹬；目視前方。（圖97、圖98）

左腳往後落步，左掌下落至胸前，指尖朝前；右腳回收半腳，腳尖著地，重心在左腿，同時右手指尖朝前向上、向前畫弧至左掌前；身體微右轉，眼看右食指尖（偏東南方向）。（圖99）

【要點】

身要直，腰要塌，腿彎曲。

圖 97

圖 98

圖 99

圖 100

第 四 段

第四十式　十字擺蓮

右腳尖微外擺，腳跟與左腳尖相對（正南方向），身體微右轉；同時右手心朝下內旋至胸前，左手心朝上外旋至胸前，右手在上，左手在下，如抱球狀；相距約 10 公分；眼看右手。（圖 100）

左腳上步，身體右轉 90°（面正西），右手往下扭轉、左手往上扭轉至右手在下，左手在上，掌心相對。接著左腳尖內扣，右腳跟提起，腳尖著地，兩腿彎曲，氣下沉，兩手腕交叉，變立掌，指尖朝上，右掌在外，左掌在裏，拇指微靠胸，兩掌距胸 25 公分左右；目視兩掌中間。（圖 101、圖 102）

兩掌左右分開，同時右腿提起，腳面繃直外擺，以左

圖 101

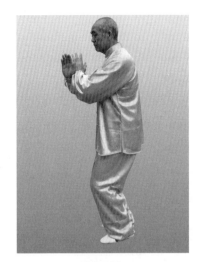

圖 102

圖 103

圖 104

掌拍擊右腳面後，兩掌如單鞭左右分開，右腳擺腳後，不
落地，屈膝回收成右提膝；目視前方。（圖 103、圖 104）

圖 105　　　　　　　　圖 106

【要點】

（1）轉身扣腳、雙手扭掌要一氣呵成，不能有間斷之意。

（2）拍腳時，保持身體平衡，以胯腰勁將右腳擺出。

第四十一式　進步指襠捶

右腳前落成右弓步，接著左腳前上一步，腳尖微外擺，右腳再前上一步，左腳跟至右腳後，腳尖著地，相距10公分左右，兩腿半蹲，重心在右腿；同時兩手隨上步徐徐下落往一起收掌至腹前，當右腳上步，左腳跟步時，右掌變拳，拳眼朝上打出，拳高不過腰，左手扶在右手腕處；眼看右拳。（圖 105—圖 107）

【要點】

（1）上步沉穩，輕靈。

（2）身體似飛鳥從樹上束翅下落之勢。

圖 107

圖 108

第四十二式　開合手

左腳回撤，右腳尖翹起；
同時右拳變掌，掌心朝上向
右、向後畫一半圓至右胸前再
向前推出，左手扶在右手腕
處，在右掌向前推出時，右腳
落實，左腳跟步，腳尖著地，
相距約 10 公分。（圖 108—
圖 110）

（1）開　手

圖 109

左腳以腳尖為軸，腳跟內
旋，右腳以腳跟為軸，腳尖裏扣，身體左轉 90°（正南方
向）；同時兩手回收到胸前，手心相對，指尖朝上，再往
兩邊慢慢拉開，兩掌間距寬不過肩，指尖高不過嘴，拇指

圖 110

圖 111

圖 112

與胸間距一拳遠；兩腿微彎曲。（圖 111）

（2）合　手

　　兩掌慢慢裏合，與臉同寬時稍停，左腳跟微提，腳尖著地。（圖 112）

圖 113

【要點】

（1）往後擺掌，要鬆肩、垂肘，不牽動身體重心。

（2）開合手動作要結合好呼吸，要有開手無限大、合手無限小之意，勢停意不停。

第四十三式　左單鞭下式

左腳往左橫邁一步，腳跟先著地，腳尖微外擺 30°；同時兩掌如捋長杆，往左右兩邊慢慢分開，兩臂似直非直，掌心朝外，高不過雙眼，立掌。（圖 113）

右手往下畫弧收至右胯側，屈臂，手心朝下，指尖向前；同時，右腳裏扣，重心轉移至右腿後，左腳尖外擺下落，身體左轉（正東方向）；左手掌心斜朝下往前微下落，指尖朝前，高不過胸；眼看左手食指尖。（圖 114）

【要點】

（1）左轉身時，以腰帶動兩腿轉換重心。

| 圖 114 | 圖 115 |

（2）下勢時，氣下沉，左掌有微微下壓之意。

第四十四式　上步七星

左臂屈肘立掌；右手向前、向上畫弧從左手腕下伸出，兩手腕交叉，左掌在裏，右掌在外，指尖朝上，收至胸前 15 公分左右；同時，左腳前移一腳距離，重心前移至左腿，右腳跟步至左腳後約 10 公分處，腳尖點地；眼看兩手間。（圖 115）

【要點】

兩腿彎曲，塌腰，上肢正直，指尖高不過嘴。

第四十五式　退步跨虎

右腳後撤一步，腳尖微外撇，隨即回撤左腳，腳尖點地；同時兩掌往下分開，左掌心朝下摟至左胯處，右掌心朝下摟至右胯處不停，翻掌，掌心朝上往右上托，高於

圖 116　　　　　　　　圖 117

肩，再掌心朝下經前額下按至左胯處，兩掌虎口相對。
（圖 116）

　　雙掌上提；同時左膝提起，腳尖翹起，身體微上起；
雙掌與左腿相距 10 公分左右；眼看右掌。（圖 117）

　　【要點】

　　（1）右掌下按有按氣球之意。

　　（2）雙掌上起及左膝上提時，心中有氣球脹起之意，
將全身頂起。外勢停，意不停。

第四十六式　轉角擺蓮

　　以右腳掌為軸身體右轉，當轉至 180°時（偏西南方
向），左腳落下扣步與右腳尖相對（倒八步）；兩掌心朝
下隨身體轉至腹前。（圖 118）

　　以左腳掌為軸身體繼續右轉，同時右腳跟提起，腳尖
著地；雙掌隨身體轉到身體右側，右掌前，左掌後，掌心

圖 118　　　　　　　　　　　　圖 119

斜朝下；目視右掌食指尖。（圖 119）

　　右腳用力往右外擺腳，雙掌從頭前迎擊右腳面，雙掌
拍出雙響，右腳隨即回落到右前方（東南方向），雙掌隨
身體轉動回收到兩肋側，掌心朝上，左前右後，右掌後於
左掌一掌遠（偏東北方向）；目視前方。（圖 120、圖
121）

　　【要點】

　　（1）轉身雙腳重心轉換與身體動作要協調一致；拍腳
時，腳背要繃直，身體平衡，不牽動重心。

　　（2）右腳回撤，腳尖微外擺，似右弓步式，重心在前
胯下。

　　## 第四十七式　雙撞捶

　　雙掌心朝上裹著向東北方向伸出，邊伸邊翻至掌心斜
朝下，左前右後，雙臂似直非直，指尖斜向上，高不超下

圖 120

圖 121

圖 122

頷，重心在右腿，似右弓步雙穿掌；目視兩掌間。（圖
122）

　　左腳上步至右腳內側，腳尖著地；同時兩掌變拳，拳

圖 123　　　　　　　　圖 124

眼相對、拳心朝下回拉至胸前。隨即左腳往前方上步，右
腳跟步至左腳後約 10 公分處，腳尖著地；雙拳同時向前撞
擊；目視兩拳間。（圖 123、圖 124）

【要點】

（1）全身協調一致，以腰帶拳。

（2）左上步向東北方向撞拳，拳面向外，高與肩平。

第四十八式　陰陽合一

身體右轉，兩拳裏裹，翻至拳心向上（右拳在左拳手
腕處，兩肘靠肋）；同時左腳尖翹起裏扣與右腳尖相對落
實；右腳跟微提，腳尖著地，正對南方；目視右拳。（圖
125）

右腳後撤步，腳尖外擺 45°，落實；左腳尖翹起，腳
跟著地；同時，左拳貼右腕內側挽至右拳外側，兩拳背相
貼。（圖 126）

圖 125

圖 126

右拳微內旋，左拳微外旋，立肘，兩拳眼朝裏，右拳腕部外側貼住左拳腕部裏側，兩拳在胸前交叉（拳與胸平，相距 20 公分），鬆肩，垂肘；同時，左腳微向前活步，腳跟著地，重心完全移至右腿；兩腿屈膝，腰塌住勁；目視兩拳間。（圖 127）

【要點】

（1）肩、胯要放鬆，腹內鬆開。

圖 127

（2）微感氣下沉至丹田，不能拘謹、向下腹壓氣，要放鬆、求自然。

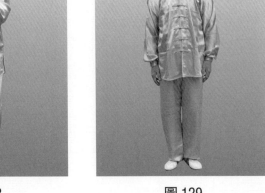

| 圖 128 | 圖 129 |

第四十九式　收　勢

左腳撤至右腳跟處外擺 45°，兩腳跟靠攏，雙腿彎曲。
（圖 128）

兩拳變掌分別向下、向兩邊分開至身體兩側，掌心分
別貼於兩胯外側；兩腿慢慢伸直，身體直立（面向正
南）；平視前方。（圖 129）

【要點】

身體保持中正，放鬆，無所思，處於無極狀態。

七、孫式太極拳推手圖解

太極拳推手基本上有四種方法，即靜（定）步、動（活）步、合步、順步。初學者應以靜步為基礎，待手法熟練後，再以動步練習為宜。其中結合合步、順步綜合性練習，必須有形意拳的樁功和八卦掌的活步功夫，方能進退自如，久而久之必成散手技法之能。

現簡要介紹孫式太極拳的靜步推手法。

（一）靜步推手法

1.起　勢

（1）甲、乙二人無極式對面站立（甲右，乙左），相距兩步遠。（圖130）

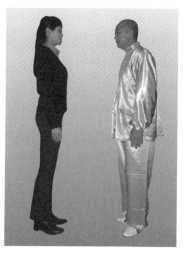

圖130

圖 131　　　　　　　　圖 132

（2）甲乙二人各向前上左腳，同時，左手在前，掌心朝裏，右手扶在左前臂上，掌心朝外，右手腕離胸前半尺左右。成陰陽魚合一的太極圖式。（圖 131）

2. 甲擠手，乙捋手

（1）甲將右手擠向乙面前。乙用右手扣住甲右手腕，左手從下繞至甲右肘處扣住，並一齊往右斜下方捋去。（圖 132）

（2）甲速將左手心貼在右手前臂處向乙擠去。用意不用力。（圖 133）

3. 乙掤、按手

（1）甲擠手時，乙用雙手掤住，同時身體回收坐胯，左腳尖翹起，將甲之力化掉。（圖 134）

（2）乙隨即用左手按住甲左手，右手按住甲左肘，一

圖 133

圖 134

圖 135

齊前按。（圖 135）

圖 136　　　　　　　　　圖 137

4. 甲捋手，乙擠手

（1）甲在乙雙手前按時，身體回收，同時用左手扣住乙左腕，右手扣住乙左肘，一齊往左斜下方捋去。（圖136）

（2）乙速將右手心貼在左前臂處向甲擠去。用意不用力。（圖137）

5. 甲掤、按手

（1）當乙擠手時，甲用雙手掤住，同時身體回收坐胯，左腳尖翹起，將乙之力量化掉。（圖138）

（2）甲隨即用右手按住乙右手，左手按住乙右肘，一齊前按。（圖139）

圖 138　　　　　　　　　圖 139

（二）推手換式法

　　二人推手換式。乙捋肘，甲不用擠手，迅速用右手將
乙右手回帶，左手迅速繞至乙右肘上邊，兩手如前左捋法
一樣，往下捋去；同時左腳撤至右腳後，落下與左式步法
相同。乙進右步用擠法。二人左右式互換，按此練法往返
循環。

（三）活步推手法

　　手法與靜步推法相同。唯進步時，應先進前腳，後退
時先退後腳，前進後退皆三步。步法手法要協調一致；向
前進步是按、擠二式，向後退步掤、捋二式，循環練習。

　　熟習後，不受成法所拘，隨機應變，但要掌握好進退
的時機。

附　　錄

孫祿堂生平

孫祿堂，原名孫福全，字祿堂，晚號涵齋。河北省完縣（今望都縣）人。生於 1860 年 12 月 22 日，逝於 1933 年 12 月 16 日，享年 73 歲。師經多門，集形意、八卦、太極精華，創孫式太極拳，並著拳書五部。為清末民初蜚聲海內外的武學大家。

1865 年，入私塾。

1867 年，因父親亡故，遂輟學。

1868—1872 年，拜當地吳姓拳師學習六十四散手、童子功、輕功、鐵錫碑和彈弓等少林武功。

1872 年年關，因母親病重，慚愧自己無奉養之能，於夜半在村外棗樹林自縊，幸被路人救起。後攜母投河北省保定一親友開始學製毛筆。同年，被當地形意拳名家李奎垣看中，收為弟子。

1875 年，李奎垣看孫祿堂很有發展潛力，遂推薦至其師郭雲深處。在此深造形意拳八年。

1880 年，隨郭雲深往白西園處，得白西園傳贈形意拳譜，並得授武醫之道。

1881 年，訪宋世榮得內功經及煉神還虛之法，與郭雲

深共同研究形意拳理。

1882—1884 年，為研究拳與《易》之間的關係，經郭雲深推薦，赴京城從程廷華研習八卦掌。因縱身擒飛鳥獻師，被程廷華贊之「賽活猴兒」。孫福全一名叫響京城。經苦心修練，得點穴、閉穴、騰身術、八卦劍、八卦槍等八卦掌絕技。

1885 年，開始雲遊。經十一個省，訪少林，朝武當，上峨嵋，收穫甚大。

1888 年秋，返回保定，在故鄉蒲陽河畔開辦了蒲陽拳社。

1889 年，與張昭賢女士完婚。

1890 年，得長子孫行一。同年，經友人舉薦，至豐潤。為清朝廷招考武庠生。期間，輕取北方武術大家，被時人尊譽為「武聖人」。

1893 年，得次子，取名存周。

1898 年，郭雲深去世前，將集一生習武心得寫成的《解說形意拳經》一書交給孫祿堂。以示其為郭雲深之衣鉢傳人。

1899 年，於定興收孫振川、孫振岱為徒。

1900 年，庚子之亂，去京城看望程廷華。此時，程廷華已犧牲。

1907—1909 年，徐世昌聘孫祿堂至奉天為其幕賓。期間，俄國及歐洲格鬥冠軍彼得洛夫途經奉天，經俄公使館提議，與孫祿堂進行一次比武，先生輕取之。因此，名震海外。

1910 年，孫祿堂看到欲發揚武術，不能偏安鄉間，即舉家遷至北京。先後在東城乾面胡同、宣武門內和天津設

三家武館，收徒授技。

1911—1914 年，次子效先生當年，獨杖南遊。孫祿堂參加「世界大力士格鬥大賽」，以全勝戰績榮獲冠軍。

1914 年，晚年得女，取名劍雲。同年，受聘在國務院衛隊教授武術。後經友人介紹與太極拳名家郝維楨相識。後郝維楨生病，先生大力救助。郝維楨康復後為感謝先生之恩，便將其所學太極拳心得理法相告。

1915 年，出版發行了《形意拳學》一書。這是一部理論系統、論述詳盡、留影存形的武學著作。

1916 年，撰寫出版了《八卦拳學》一書。是有關八卦掌第一部專著。論拳、參經、和易理，提出一以貫之、純以神行之道。創先後天八卦相合之技術，理論體系授以神化不測之功用，開拳學研究之里程碑。

1918 年，開始撰寫《太極拳學》。

1919 年，出版《太極拳學》一書。融合形意、八卦、太極三門拳術精華，創立孫式太極拳。指出太極拳之本質不過是研求一氣伸縮之道。同年，出任總統府承宣官兼武術教官。完縣大旱，出資千餘元賑濟鄉里。

1921 年，半步崩拳重創來華與之較技的日本大正天皇欽命武士板垣一雄。

1922 年，離開總統府，去中山公園行健會講授拳學。

1923 年，撰寫出版了《拳意述真》一書。

1924—1927 年，撰寫出版了《八卦劍學》一書。至此五部著作全部出版發行。

1928 年，參加中央國術館開幕典禮。被聘為中央國術館武當門門長。後改任江蘇省國術館副館長兼教務長。

1929 年，發表了《論拳術內外家之別》一文。同年，

杭州舉辦博覽會,即全國首屆武術擂臺賽,任副裁判長,並做名家表演。

1930 年,江南水災,帶弟子和學生赴上海參加義演。先生以 70 歲高齡登場表演形意拳雜式捶之明勁,拳出風聲可聞,震腳似悶雷擊地,起鑽落翻,勢勢連環。被舉辦單位授予金獎盃一尊,上鐫文「龍馬精神」;八棱金錶一枚,表背鐫文「熱忱匡助」。同年,以一對五,用遊身八卦掌絕技勝日本格鬥高手。

1931 年,摒棄舊俗,在鎮江武館開設女子武術班,招生 60 人,由女兒劍雲任教。同年,招徒。條件有三:

1. 本人酷愛武術,三年內不準備從事其他事業者。

2. 大學學歷程度。

3. 面試合格。

僅一週,報名者達到三百餘人。但因「九一八」事變爆發,先生抱憾中斷傳授。於十月辭職返京。

1932 年,發表了《詳論形意八卦太極之原理》一文。

1933 年,回到離別二十三年的家鄉。在教育局長劉如桐的提議下,成立了蒲陽國術研究社,收閉門弟子 18 個,後被譽為「完縣十八俠」。白天授徒,晚上撰寫程師所傳《八卦槍學》。同年 12 月 16 日晚,先生逝世。

孫劍雲生平

　　孫劍雲，孫祿堂之女。1914 年 6 月 6 日出生於北京市，2003 年 10 月 2 日逝世於河北省保定市。享年 89 歲。

　　9 歲隨父親習武，得家傳。深通形意拳、八卦掌、太極拳、推手及器械。17 歲隨父親赴鎮江江蘇省國術館任女子班教授。期間，與其兄孫存周赴南京，隨武當劍名家李景林學習武當對劍。同年，在上海致柔拳社成立 6 周年大會上與父、兄同場表演八卦變劍。深得稱讚。時人評說：「得其父之神。」

　　1934 年，孫劍雲考入北平國立藝術師專，師從周元亮習工筆畫。擅長山水，仕女。

　　1937 年，在中山公園舉辦個人畫展。被譽為「北平四小名家之一」。

　　1957 年，在全國武術表演會上，被聘為「四位名譽國家裁判之一」。

　　1959 年，在第一屆全運會上，被聘為「我國第一個武術女裁判員」。

　　1962 年，在北京市高校運動會上，任副總裁判長兼裁判長。

　　1963 年，在北京市太極拳表演賽會上，任副總裁判長兼裁判長。

　　1979 年，當選為北京市武術協會副主席。

　　1983 年，當選為北京市首屆形意拳研究會、孫式太極拳研究會會長。

　　1985 年，攜弟子劉樹春赴日本講學。

1992 年，中國武術協會及中國武術研究院在北京體育學院召開太極拳推手研討會，應邀前往與各派名人交流，深得好評。

　　1995 年，在全國首屆「中華武術百傑」評選活動中，被評為「中國當代十大武術名師之一」。並被中國武術研究院聘為特邀研究員。中國武術九段。被選為北京市西城區政協委員。

　　孫劍雲是孫式太極拳主要傳播人。為推廣孫式太極拳，撰寫出版了《孫式太極拳、劍》《形意拳八式》《純陽劍》《孫式太極拳十三式》《孫祿堂武學錄》等著作及光碟。其學生、弟子遍及五洲四海。

孫祿堂記事一二

太極內功

1930年期間，形意拳、八卦掌後起之秀趙恩慶（後更名趙道新）在滬向孫祿堂請教揉手功夫。當時，趙恩慶年方22歲，正是青壯年，而孫祿堂已是古稀老人。可是一揉起手來，趙恩慶發不出力，想用力，自己就先倒了。趙不服，屢試屢負。

太極拳名家顧留馨對孫祿堂的武功境界給了以下的描述：「孫祿堂先生與人交手時已達到完全用意識來控制對方的神明化境。」

1932年，孫祿堂返回北京居住。曾與尚雲祥參加馬步周先生（即馬禮堂）的華北武術研究社，三人論技，尚對太極柔化功不以為然，認為速度和爆發力達到一定程度將難以化解。孫祿堂在椅子上坐好，讓尚用崩拳直擊其腹部。尚力猛使腳下青磚震碎。不料，被孫祿堂內勁所吸，動不得。而隨著一聲「你也坐會兒吧」，尚雲祥跌坐在孫祿堂坐的椅子上。尚雲祥很是服氣。馬禮堂問尚雲祥：「吸你右拳，怎麼全身被制？」尚雲祥回答：「我失去重心被內勁拿住，如踩單蠅，不敢勉強。」馬禮堂聽後驚歎不已。

1984年，馬禮堂先生在北大講授氣功時還提起此事。

孫祿堂在湛江國術館任職時，常住在他徒弟支燮堂家。一日晚飯後，孫祿堂坐在椅子上飲茶，一時興起，對支燮堂說：「衝我來兩拳，看你功夫如何？」支燮堂用力

向孫祿堂腹部擊去。不料，拳卻被吸在腹部，全身失去控制。孫祿堂坐著，支燮堂只好跪下；孫祿堂站起，支又隨著站起。幾次過後，支燮堂已渾身是汗，孫祿堂一挺腹，支燮堂後退幾步，仰坐在地上。

保定有一大漢，身體魁梧，力大無窮，用食指、中指與人相鉗沒負過。一日纏住孫祿堂要與其比試指力。兩人搭手，大漢邊用力邊喊：「不怕你孫祿堂會形意拳。」可是話音沒落，已中指骨折了。

孫祿堂應中華武士會之邀去天津指導國術。一次在海河邊各位名家論槍。有一李某善六合大槍，人稱神槍李。李自稱：「所遇使槍者，僅楊班侯為我不及。」當時，有一位通臂名家張策不服。二人對槍，不出三合，李手中槍被張策擊落脫手。原來張策內勁很大，李不是對手。

當時形意名家李存義說：「真神臂，可是還有一位使槍高手孫福全。」張策聽後，指名請教。孫祿堂推辭不過，只得與其過招。兩槍相交卻如粘在一起，張策一時進退不得。孫祿堂持槍如懸杆垂釣，張策已汗流滿面。相持許久，張策只得棄槍於地，拜服。大家不知什麼原因。後李存義向大家解釋說：「此為太極勁法。」

孫祿堂人送綽號「虎頭少保」「天下第一手」。1921年，日本大正天皇欽遣武士道高手板垣一雄來華較技。日本武士在汪偽政權官員王克敏、大正天皇書記官龜田英夫陪同下至宣外太僕寺羅圈胡同甲 10 號蒲陽孫寓。孫祿堂為使板垣心服中國武術，甘處被動。對其說：「我仰臥於地，左手背後壓於身下，右手覆於胸前。你坐在我腹部，用手按住我右手，喊號令至三時，我若不能站起即為負。」板垣同意。

結果三試三負。原來，數至三時，孫祿堂抽左手，以食、中二指直點板垣氣海，將板垣用內力推出，借力起身。板垣疑為技巧，欲大打出手。孫祿堂未動讓其來攻，板垣拳腳齊發。孫祿堂見對手身體貼近後用半步崩拳就勢而出，將板垣二百斤之軀打出丈餘，落於廳西側書櫃上，連人帶櫃傾於地。當時傳遍京城。

　　1927 年，孫祿堂應邀赴天津授徒。徒弟中有一李某，自以為技藝高超，時常自滿。一日，乘師弟齊全時向老師發難。說：「請老師給我一手看看如何？」孫祿堂明白李之用意，遂向李頭部打去，李急忙用手去擋，忽覺得右臂微受輕拍。

　　孫祿堂便對李說：「這一下夠你承受的。」李未覺如何，當時沒介意。次日，眾人在練拳，李面色蒼白，跑來說：「右臂疼痛，請老師給救治。」伸臂一看，有拳頭大小塊狀已紫。孫祿堂逐開一藥方授李，讓其購藥治療。李傷癒後對師弟們講：「我服老師的內功了。」

　　1929 年，正值致柔拳社成立 4 周年。陳微明將老師孫祿堂、楊少侯、楊澄甫（陳第二位老師）請至客廳，討教太極推手之妙。少侯論以推斷莫分，觸之即放。澄甫論以太極之勁如棉裏鐵，其並非四肢的一鬆一緊，其意在腰。並與陳搭手演示。少侯見孫祿堂不說話，開玩笑說：「孫兄是否怕我等得其真訣？」孫祿堂笑道：「哪有真訣。只聽先達常說若得內勁之妙，可感而遂通。至此則無訣竅而言。」少侯聽罷起身與孫祿堂試手。

　　二人搭手，身皆不動。片刻後，少侯忽然向後飄去，落地仍有旋轉之勢。澄甫也搭手相試，情景亦然。澄甫怪道：「您這不是棉裏鐵，而是棉裏電了。」孫祿堂解釋

說：「這並不是我有什麼訣竅，全是內勁運行依乎天理所至。感而遂通即此意。」三人深服其論。新中國成立初期，陳對好友劉子明提及此事說：「孫先師周身空靈透體，純以神行。像那樣的內功，非涵養極深以至人欲盡除方可達至，而今入世之人誰能如此呢！故拳之訣竅對於我輩者仍不可不察，更不可失。」

1930 年，孫祿堂已 70 高齡。有日本武士一行六人來訪，要與其較力。「我們知道先生有很好的閃躲功夫，但若與我們較力你未必能勝。」孫祿堂為煞其狂，仰臥於地，讓一人按頭，二人按左右臂，另二人各按其腳。「一、二、三」話音剛落，便一躍而起。此乃遊身八卦掌絕技。日本武士要拜師學藝，未允。但孫祿堂被日本奉為文武兩道三大雄，至今不少武館懸掛其照片朝夕頂拜。

孫祿堂一生，跟郭雲深先生行走武林，與人相較未曾一負。文才武技高超，實不負「武聖」之譽。

超凡輕功

孫祿堂投師祖郭雲深學拳不久，師祖到滄州訪友。備馬兩匹，喻於同行。孫祿堂執意步行隨其後。師祖打馬飛奔，十里開外，師祖回頭一看，孫祿堂仍步隨其後，心中驚疑。打馬再行，但見孫祿堂手攬馬尾急緩相隨。時而縱身馬背，如此上上下下，若蜻蜓點水。師祖久而察之。以後郭雲深往來南北各省，孫祿堂皆攬尾於後。

孫祿堂在奉天督軍府時，徐世昌在孫祿堂前談起飛簷走壁之事。「常聽說……但未親眼見過，疑此技者。」孫祿堂知其話外有音，當時掀起袍襟，幾步狸貓上樹，頭已抵廳頂，轉身背貼於牆達兩分鐘，徐世昌呆若木雞。

孫祿堂鄉居故里時，有位鄰居老者，早起出村拾糞，經一墳地，忽見一物全身皆白掠身而過，其快如風，疑碰到鬼了，毛髮悚然，回家病倒。孫祿堂聽到後前去探望，方知此事，便把經過告知。說明自己早起練功路過此墳地，與之相遇，只是沒有說話而已。老者恍然大悟。隨即，孫祿堂在老者家中演示，老者哈哈大笑。

孫祿堂在天津小住時，一日夜降大雪，弟子們起床稍晚。當弟子們拿起掃帚欲清掃院中積雪，出門一看，老師神態凝重，練拳行步如履薄冰，腳印若有若無。一趟拳下來，弟子圍向老師請教。先生道：「此也不外乎氣斂神聚，功深自至。」

點 穴 絕 技

孫祿堂在家鄉時，有一村女受丈夫家虐待，婆家霸道成性，人皆敬而遠之。女方家求孫祿堂出面調解。因話不投機，婆家敲響十八村聯防警鐘，村民不明真相，以為有盜賊，舉刀槍便砍，孫祿堂見群眾情緒激憤，又不能傷人性命，便奪一白色蠟杆，杆杆點穴，一時倒下數十人。眾人倍感驚訝，便急忙報了官。縣長接到報案速派人趕到現場，斷清此案，並請孫祿堂為大家解開穴道。此事後被載入完縣縣誌。

約 1926 年，有一雲遊道士劍訪天津高手，首訪李景林不遇，又訪形意拳、八卦拳名家張兆東。當時，有一朋友正在張家閒居，自稱郭雲深先生閉門弟子，並功至大成。見道士來訪，欲一顯身手。雙方各持竹劍，交手後，兩個回合均負於道士，便氣火上升，拳劍齊攻，疏於防守，被道士一個鳳凰抬頭挑住褲腳直撕至襠下。

張兆東見客人慘敗，自己又患腿疾，不能應戰，便請孫祿堂出面與道士比試。次日，張兆東帶道士同到孫祿堂在天津的徒弟李玉琳處。雙方各持竹劍相對。先生請道士進招，說時遲，那時快，兩人身形一晃，道士以手捂心口，聲粗氣短。原來，就是這一晃，道士已被先生搶先在其虎口、心口、後心各擊一劍，並震及內臟。道士休息片刻，便施禮服輸。

孫祿堂在 1887 年前後，居住在定興縣迷蹤拳名家孫紹亭家。紹亭與鄉間少林會有仇，該會上百人約其械鬥。紹亭無奈求助於先生。二人執杆前往，在途中與其會的眾人相遇。紹亭未等交手便先跑了，少林會中一首領身材高大，用椽子粗的木棍劈頭蓋臉朝孫祿堂打來，孫祿堂閃過，用杆點其太陽穴使其倒地。

眾人一擁而上，刀棍齊發，孫祿堂手舞白蠟杆，左撥右點將眾人點穴擊倒，餘者逃散。孫祿堂全身無損。事後，孫祿堂問紹亭為什麼先跑。紹亭答：「我不逃，勢必死。無濟於事，反累先生救助。事後處理我負責，不涉及到先生。」

武 德 高 尚

孫祿堂原籍有位客鄉人甲某，夫婦流落至此一貧如洗。甲某外出打工數年無音信。其妻紡花，靠微薄收入撫養兩個孩子，度日艱難。一日孫祿堂自京城返鄉，婦人便前來詢問其夫之音訊。因此事訴出生活之難苦。孫祿堂聽說後，便假說其夫讓捎回口信和錢，遂將自己的積蓄送予婦人。年終甲某經商獲利返鄉，其婦向其提及此事，甲某甚為感激。

一次孫祿堂走水路由宜昌赴長沙市，下午將到達宜都縣。突起大風，船家不敢再行，泊於小巷以避風勢。孫祿堂看到小巷內有一貧窮婦人走上船兜攬生意，其眼睛卻四處窺探。孫祿堂疑是盜賊「踩盤子」的。果不其料，入夜，水面上出現十餘艘盜船，劫匪手執火把、大刀，勢予搶掠。孫祿堂發現後，取出彈弓，裝上彈丸，向登船劫匪面門彈出。一連擊中數人，劫匪大怒，一齊舉刀向孫祿堂砍來。孫祿堂抽出朝虹劍迎敵，劫匪大刀紛紛被其削斷，四處奔逃。

　　1919 年，孫祿堂聽到家鄉鬧旱災，急帶千元大洋返鄉。面對甚多饑民，該如何利用這杯水車薪的資金呢？孫祿堂反覆斟酌後傳話於鄉親，凡借大洋整數三十者，秋後本息還清。真是天助。此後，風調雨順，秋季大獲豐收。鄉親們紛紛前來還貸。孫祿堂向鄉親們拱手施禮後說：「家鄉遇災，祿堂應盡微薄之力，只為解大家的燃眉之急。本息一事，只不過是解決杯水車薪所想出的辦法。」說完後當眾將所有借據毀之。

第十八章　附五字訣亦畬先生著附錄於此

心靜

心不靜則不專一舉手前後左右全無定向故要心靜起初舉動未能由己要息心體認隨人所動隨曲就伸不丟不頂勿自伸縮彼有力我亦有力我力在先彼無力我亦有力我意仍在先要刻刻留心挨何處心要用在何處須向不丟不頂中討消息從此做去日積月累便能施之於身此全是用意不是用勁久之則人為我制我不為人制矣。

身靈

身滯則進退不能自如故要身靈舉手不可有呆像彼之力方覺侵我皮毛我之意已入彼骨裏兩手支撐一氣貫穿左重則左虛而右已去右重則右虛而左已去氣如車輪週身俱要相隨有不相隨處身便散

太極拳學

九七

亂。便不得力其病在於腰腿求之先以心使身從人不從己後使身能從心由己仍從人由己則滯從人則活能從人手上便有分寸量彼勁之大小分釐不錯權彼來之長短毫髮無差前進後退處處恰合工彌久而技彌精。

氣斂

氣勢散漫便無含蓄身易散亂務使氣斂入脊骨呼吸通靈周身罔間。吸為合為蓄呼為開為發蓋吸則自然提得起亦拿得人起呼則自然沈得下亦放得人出此是以意運氣非以力運氣也

勁整

一身之勁練成一家分清虛實發勁要有根源勁起腳根主腰間形於手指發於脊背又要提起全付精神於彼勁將出未發之際我勁已接

太極拳學

九八

孫式太極拳四十九式

122

入彼勁恰好不後不先。如皮燃火。如泉湧出。前進後退。無絲毫散亂。曲

中求直蓄而後發方能隨手奏效此謂借力打人四兩撥千斤也。

神聚

上四者俱備總歸神聚神聚則一氣鼓鑄練氣歸神氣勢騰挪精神貫

注開合有致虛實清楚左虛則右實右虛則左實虛非全然無力氣勢

要有騰挪實非全然占煞精神要貴貫注緊要全在胸中腰間運用不

在外面力從人借氣由脊發胡能氣由脊發氣向下沈由兩肩收於脊

骨注於腰間此氣之由上而下也謂之合由腰形於脊骨布於兩膊施

於手指此氣之由下而上也謂之開合便是收開便是放能懂得開合

便知陰陽到此地位工用一日技精一日漸至從心所欲罔不如意矣。

撒放密訣

擎引鬆放四字

擎開彼勁借彼力。中有靈字 引到身前勁始蓄。中有斂字 鬆開我勁勿使屈。中

有靜字 放時腰脚認端的。中有整字

走架打手行工要言

昔人云能引進落空便能四兩撥千斤不能引進落空便不能四兩撥

千斤語甚該括初學未由領悟予加數語以解之俾有志斯技者得所

從入庶日進有功矣欲要引進落空四兩撥千斤先要知己知彼欲要

知己知彼先要舍己從人欲要舍己從人先要得機得勢欲要得機得

勢先要周身一家欲要周身一家先要周身無有缺陷欲要周身無有

缺陷先要神氣鼓盪欲要神氣鼓盪先要提起精神欲要提起精神先

要神不外散欲要神不外散先要神氣收斂入骨欲要神氣收斂入骨

先要兩股前節有力。兩肩鬆開氣向下沉。勁起於腳根。變換在腿含蓄在胸。運動在兩肩。主宰在腰。上於兩膊相繫。下於兩腿相隨。勁由內換。收便是合放即是開。靜則俱靜。靜是合。合中寓開。動則俱動。動是開。開中寓合。觸之則旋轉自如。無不得力。纔能引進落空四兩撥千斤也。平日走架是知己工夫。一動勢先問自己周身合上數項否少有不合即速改換。走架所以要慢不要快。打手是知人功夫。動靜固是知人。仍是問己。己要排得好。人一挨我。我不動彼絲毫。趁勢而入接定彼勁彼自跌出。如自己有不得力處。便是雙重未化。要於陰陽開合求之。所謂知己知彼百戰百勝也。

太極拳全編終

導引養生功

1 疏筋壯骨功+VCD
定價350元

2 導引保健功+VCD
定價350元

3 頤身九段錦+VCD
定價350元

4 九九還童功+VCD
定價350元

5 舒心平血功+VCD
定價350元

6 益氣養肺功+VCD
定價350元

7 養生太極扇+VCD
定價350元

8 養生太極棒+VCD
定價350元

9 導引養生形體詩韻+VCD
定價350元

10 四十九式經絡動功+VCD
定價350元

張廣德養生著作　每冊定價 350 元

全系列為彩色圖解附教學光碟

輕鬆學武術

1 二十四式太極拳+VCD
定價250元

2 四十二式太極拳+VCD
定價250元

3 八式十六式太極拳+VCD
定價250元

4 三十二式太極劍+VCD
定價250元

5 四十二式太極劍+VCD
定價250元

6 二十八式木蘭拳+VCD
定價250元

7 三十八式木蘭扇+VCD
定價250元

8 四十八式太極劍+VCD
定價250元

彩色圖解太極武術

1 太極功夫扇

定價220元

2 武當太極劍

定價220元

3 楊式太極劍

定價220元

4 楊式太極刀

定價220元

5 二十四式太極拳+VCD

定價350元

6 三十二式太極劍+VCD

定價350元

7 四十二式太極劍+VCD

定價350元

8 四十二式太極拳+VCD

定價350元

9 楊式十六式太極劍

定價350元

10 楊氏二十八式太極拳+VCD

定價350元

11 楊式太極拳四十式+VCD

定價350元

12 陳式太極拳五十六式+VCD

定價350元

13 吳式太極拳五十六式+VCD

定價350元

14 精簡陳式太極拳八式十六式

定價220元

15 精簡吳式太極拳三十六式拳架·推手

定價220元

16 夕陽美功夫扇

定價220元

17 綜合四十八式太極拳+VCD

定價350元

18 三十二式太極拳 四段

定價220元

19 楊式三十七式太極拳+VCD

定價350元

20 楊氏五十一式太極劍+VCD

定價350元

21 嫡傳楊家太極拳精練二十八式

定價220元

22 嫡傳楊家太極劍五十一式

定價220元

23 嫡傳楊家太極刀十三式

定價220元

國家圖書館出版品預行編目資料

孫式太極拳四十九式／孫庚辛　付永吉　編著
——初版，——臺北市，大展，2010〔民99.05〕
面；21公分 ——（武術特輯；122）
ISBN　978－957－468－744－2（平裝附影音光碟）

1.太極拳

528.972　　　　　　　　　　　　　　　99003944

【版權所有・翻印必究】

孫式太極拳四十九式 +VCD

編　　著／孫庚辛　付永吉
責任編輯／朱曉峰
發 行 人／蔡森明
出 版 者／大展出版社有限公司
社　　址／台北市北投區（石牌）致遠一路2段12巷1號
電　　話／（02）28236031・28236033・28233123
傳　　眞／（02）28272069
郵政劃撥／01669551
網　　址／www.dah-jaan.com.tw
E－mail／service@dah-jaan.com.tw
登 記 證／局版臺業字第2171號
承 印 者／傳興印刷有限公司
裝　　訂／建鑫裝訂有限公司
排 版 者／弘益電腦排版有限公司
授 權 者／北京人民體育出版社
初版1刷／2010年（民99年）5月

定　價／250元

●本書若有破損、缺頁請寄回本社更換●

大展好書　好書大展
品嘗好書　冠群可期